www.ingramcontent.com/pod-product-compliance
Lightning Source LLC
La Vergne TN
LVHW041939070526
838199LV00051BA/2845
9789360493202

ماذا بعد ؟

Translated to Arabic from the English
version of
What Next?

Santhosh Gangadharan

Ukiyoto Publishing

All global publishing rights are held by

Ukiyoto Publishing

Published in 2023

Content Copyright © Santhosh Gangadharan

ISBN 9789360493202

All rights reserved.

No part of this publication may be reproduced, transmitted, or stored in a retrieval system, in any form by any means, electronic, mechanical, photocopying, recording or otherwise, without the prior permission of the publisher.

The moral rights of the author have been asserted.

This is a work of fiction. Names, characters, businesses, places, events, locales, and incidents are either the products of the author's imagination or used in a fictitious manner. Any resemblance to actual persons, living or dead, or actual events is purely coincidental.

This book is sold subject to the condition that it shall not by way of trade or otherwise, be lent, resold, hired out or otherwise circulated, without the publisher's prior consent, in any form of binding or cover other than that in which it is published.

www.ukiyoto.com

هذا الكتاب مخصص لجميع أصدقائي العمانيين الذين جعلوا إقامتنا في صحار لا تنسى. كانت الضيافة العمانية الطبيعية وفيرة أينما سافرنا في جميع أنحاء البلاد.

خالص الشكر وسلام كبير للحاكم المحب للسلام ورعاياه والبلد!

حبيبي

جاياشري وكافيا وفيفيك ولاكشمي

محتويات

البداية 1

نيودلهي، الهند 2030 5

مساحة الوجهة 6
رحلة الأرواح 11
انطلق 20

ليوا، عمان 25

1498 إلى 1500 25

انا فاطمة علي النبهاني 26
أحمد بن ماجد - الأسطورة 31
نحو المجهول 37
الغريب من البحر 42
في الطريق إلى ماليندي 47
الحياة في مناجم النحاس 53
الهروب من فكي الموت 58
مقدّر لنا أن نكون معًا 64
التالي 70

كيرالا، الهند 75

1500 إلى 1520 75

أنا غلاوبر خوسيه ألفاريز 76
ولادة محارب 81
كاليكوت – مدينة الأحلام 85
ما هو غير متوقع 89
النشأة في مالابار 95
لوكاناركافو 105
المواجهة في كوتيور 110

الوحي عند الفجر	116
بارانجيس ومورس	122

صحار، عمان 129

1525 إلى 1520 129

أنا أبهاي غلاوبر النبهاني	130
البحث عن الجذور	136
على أرض معادية	141
درب نحو الحقيقة	146
الحلم يصبح حقيقة	151
شياطين من الماضي	158
صحار للسلام الأبدي	165

في مكان ما في الفضاء 174

2030 174

ماذا بعد ؟ 175

الخاتمة 180

حول الكاتب 184

1

البداية

محاصرين في مكان ضيق.

ليس لبضع ثوان أو دقائق أو ساعات أو أيام، ولكن لسنوات وسنوات. ربما قرون.

كنت أنتظر فرصة للخروج من هذا الصندوق. انظر إلى الجمال من حولك، كما كنت أستطيع أن أفعل من قبل. استمتع بحرية الحركة.

لكن لم تكن هناك فرصة للخروج. مع عدم وجود أرواح حولها، كيف يمكن للمرء حتى التفكير في الحصول على فرصة للخروج. تم إغلاق الصندوق بإحكام وتم إعداد الفخ لموت لاهث.

كان الأمر كما لو أن كل شيء قد حدث بالأمس. استطعت أن أتذكر كل الناس في قريتي. كانت الحياة سعيدة ومرضية للغاية. حتى ذلك اليوم المشؤوم . . .

لكن التفكير في الماضي لن يجلب العزاء لهذه الروح الحزينة. هل يمكن أن يكون من الممكن الخروج من هذا المكان والتنقل كما كنت في الماضي ؟ ولكن كيف يمكن أن يحدث شيء لم يحدث طوال هذه القرون!

ربما كان كل شيء سيتغير من حولي. حتى لو خرجت، ما الذي يمكن أن أتوقع رؤيته ؟ قد لا يكون هناك أي شيء مألوف. كان من الممكن أن يهلك كل أقاربي وأقربائي منذ فترة طويلة.

كم من القرون كنت هنا، محاصرة من قبل الرجل المجهول الذي كان لديه روح الشيطان! كان بإمكانه قتلي بشكل صحيح بدلاً من محاصرتي في هذه الحالة على قيد الحياة. لكنه كان لديه تصاميمه الملتوية الخاصة. قدري!

لقد فقدت الإحساس بالوقت. في الداخل، كان الأمر نفسه دائمًا. لم يكن هناك تغيير سواء كان ذلك ليلا أو نهارا. كان الظلام دائما.

2

وقد ساعدتنا هذه الجبال على العيش خلال الأيام الكئيبة للفيضانات العظيمة. لكن في تلك الأيام، لم أكن أعتقد أبدًا أنني سأقضي قرونًا على نفس الجبال التي منحتنا الملاذ من الفيضانات.

عندما أخذوا الموتى إلى قمة الجبال، اعتاد القوم القدامى أن يقولوا إن الأجداد من أصلنا سينزلون من السماء لاستعادة أطفالهم. لكن لم ينزل أحد من السماء ليطالب بهذه الروح التعيسة المحاصرة داخل قبر كل هذه السنوات.

زوجتي وأطفالي...أين سيكونون الآن ؟ كانت أرواحهم قد سافرت عبر الزمن وانتقلت إلى العديد من الأماكن. ربما عادوا إلى أصلهم كما كانوا يقولون. لكن انظر إلي-محاصرة هنا، محكوم عليها بقرون من السجن على الأرض!

أستطيع أن أتذكر السكين الطويل الموجه نحو قلبي. في كل خطوة يخطوها إلى الأمام، كان علي أن أتحرك خطوة واحدة إلى الوراء. أخيرًا في الصندوق المظلم، تركت روح لرثاء في الظلام وعدم رؤية النور مرة أخرى.

هل أستحق مثل هذا العقاب ؟ لم أستطع التفكير حتى في ظلم صغير ربما أكون قد فعلته خلال حياتي لأستحق هذا. في بعض الأحيان يمكن أن يكون عدالة القدير مجرد جليد.

ربما، الله لديه تصاميمه الخاصة لكل روح.

كانوا ينادونني بالمستبصر لأنني أستطيع أن أرى المستقبل. لقد تحققت العديد من توقعاتي. لم أتنبأ أبدًا من أجل استرضاء شخص ما. كنت أتحدث عما رأيته في ذهني. أطلقوا عليه الحدس. في بعض الأحيان، كنت أرى أشياء تحدث في المستقبل.

ما الفائدة التي حققتها لي ؟ لم أتمكن أبدًا من رؤية ما كان يخبئه لي. مهارتي في الاستبصار تخلت عني عندما يتعلق الأمر بمصيري. ربما كان من المفترض أن أكون محكوماً عليه بالفشل. لهذا السبب لم أتمكن من رؤية مستقبلي.

حتى عندما رأيت الرجل المجهول، لم أستطع أن أفهم أنه يمثل قدري. بينما كنت مختبئًا في هذا أسوأ من زنزانة قبر، لم أستطع أبدًا فهم عدد السنوات التي سأضطر إلى الاستلقاء فيها. عندما أرى أن الضوء كان يفوق فهمي، لا يزال كذلك.

أسمع أصواتاً. من يمكن أن يكونوا ؟ هل كانوا يأتون من داخلي ؟ لا أستطيع سماع أصوات واضحة. واضح كالنهار. هناك أناس هنا - صوت رجل وامرأة حلو! من كانوا ؟

لقد مرت دهور منذ أن سمعت أصواتًا بشرية. هل يمكن أن أكون أهلوس ؟ ربما. كنت أتوق كثيرًا لأكون مع الآخرين، وربما كنت أتخيلهم.

لكنه لم يحدث من قبل. فليكن ذلك صحيحًا.

أستطيع أن أسمعهم يلعبون. ربما، إنها علاقة رومانسية بين شابين. لم أتمكن من معرفة ما كانوا يتحدثون عنه.

كان الرجل يتحدث بلغة ما، والتي كانت غير متماسكة على الإطلاق وكانت الفتاة تتحدث بلغة مألوفة. لكن صوتها كان منخفضًا لدرجة أنني لم أتمكن من التقاط الكلمات. الآن بدأ الرجل أيضًا يتحدث بلغة مماثلة. يمكن أن يكون شخصًا من مكان بعيد، مستقرًا في بلدنا هذا. ربما تعلم الثقافة واللغة المحلية لجذب الفتاة.

كانت نعومة حديثهما تعني أنهما كانا قريبين من بعضهما البعض. ربما كانوا زوج وزوجة أو عشاق. هل سيتمكنون من تحريري من هذا الحبس ؟

ماذا يمكن أن يفعلوا على هذا الجبل ؟ ربما كانوا يحاولون الابتعاد عن أعين أسرهم. آمل أن يفعلوا شيئًا من شأنه أن يحررني من هنا.

أرجوك ساعدني. أطلق سراحي وسأكون معك دائمًا. أعدك أن أكون معك، من فضلك كن لطيفًا معي.

4

.كان صوت الفتاة قريبًا جدًا. بدا أنها كانت تتوسل إليه ليقترب أكثر تعال يا حبيبي، تعال. أقرب إلى الصندوق الذي تتحرك فيه، كان ذلك أفضل بالنسبة لي.

!ساعدني على الخروج من هذا الصندوق الملعون

.واو، ما الذي يحدث ؟ هل هناك زلزال ؟ الصندوق بأكمله يهتز وأستطيع أن أرى الضوء! هذا خفيف حقًا وأنا أتحرر! اخرج من هذا المكان!

!يا إلهي! ماذا بعد

5

نيودلهي، الهند 2030

6

مساحة الوجهة

بهذا نقدم أمامكم الزوجين المحبوبين من صحار، المدينة الساحلية" الصناعية الشهيرة في منطقة شمال الباطنة في سلطنة عمان". اختتم غوراف سانغفي خطابه وناشد الزوجين الشابين الجالسين على المنصة للوقوف.

وقف راشد عباس الريسي وزوجته يسرى محمد النبهاني ،أمام تصفيق مدوي. وبطريقة هندية نموذجية للإعراب عن الاحترام أمسك كلا الشابين راحتي يديهما معًا أمامهما وهتفا بصوت عالٍ "ناماستي".

كان راشد ويسرا أول زوجين يتم اختيارهما لرحلة تشاندرايان 8 الهندية إلى القمر. لقد خضعوا لتدريب صارم في على مدى السنوات الثلاث (ISRO) المنظمة الهندية لأبحاث الفضاء الماضية. كانت الرحلات المأهولة السابقة تجعل رواد الفضاء يضعون أقدامهم على سطح القمر كما فعل نيل أرمسترونغ منذ أكثر من ستين عامًا. على الرغم من تأخرها، عند مقارنتها بالولايات المتحدة الأمريكية وروسيا، حققت الهند أخيرًا هدفها المتمثل في إرسال الأقمار الصناعية المأهولة إلى الفضاء وحتى إلى القمر.

.كان لدى العلماء الهنود برنامج قصير لكل مهمة من مهامهم المأهولة لم يبقوا أبدًا لأكثر من يوم أو يومين على سطح القمر. لكنهم حققوا هدف جعل منطقة صغيرة مغطاة مربوطة بالسطح كمختبر مؤقت لإجراء الاختبارات التي سيجريها تشاندرايان 8. مع كون قوة الجاذبية أقل من سدس ذلك على سطح الأرض، لم تكن الجهود سهلة كما قد يراها المرء.

هدفت الرحلة الثامنة إلى تمديد الإقامة على القمر لمدة أسبوع. تم التخطيط للعديد من التجارب لفهم تأثير الغلاف الجوي الخفيف للقمر على الأجسام القديمة. مع ظهور التلسكوبات فائقة

الدقة، اكتشف العلماء العديد من الكواكب الجديدة التي تشبه الأرض على بعد ملايين السنين الضوئية من الأرض. كانت العديد من العوامل تشير إلى إمكانية وجود حياة ذكية في هذه الكواكب.

ينحدر راشد ويسرى من صحار في عمان وكانا جزءًا من برنامج التبادل بين الهند وعمان لتعزيز تعاونهما في مجال الفيزياء الفلكية وعلم الآثار. لقد درسوا في جامعة دلهي وانضموا لاحقًا إلى برنامج أبحاث الفضاء الذي تقدمه المنظمة الهندية لأبحاث الفضاء.

مركز تدريب في بنغالورو، في الجزء ISRO أنشأت الجنوبي من الهند، لرواد الفضاء المحتملين. استفاد راشد ويسرا بشكل كامل من سنواتهما الثلاث في بنغالورو للحصول على التدريب وخرجوا كأفضل ما في مجموعتهما.

تعاونت عمان مع الهند في عدد من المشاريع في مختلف مجالات العلوم والآثار. كان الاهتمام الرئيسي لمجموعة من الطلاب من عمان الذين كانوا يدرسون في جامعة دلهي مزيجًا من علوم الفضاء وعلم الآثار. أرادوا معرفة آثار القطع الأثرية القديمة في الفضاء في مواقع مختلفة. كانت النية الرئيسية هي فهم منطق توسيع نظرية السفر إلى الفضاء من قبل أسلاف البشرية.

نما حماس الشباب العماني مع توقيع حكومتي عمان والهند على اتفاقية لإرسال مواطنين من عمان في رحلة شاندرايان التالية إلى القمر. كان تشاندرايان هو الاسم الذي أطلق على الرحلات التجريبية إلى القمر من الهند في إطار برنامج أبحاث الفضاء الخاص بهم.

تم اختيار أفضل ما في المجموعة للرحلة بعد عدة تدريبات واختبارات صارمة. في نهاية الجلسة التدريبية، لم يكن هناك شك في من سيذهب في رحلة إلى القمر.

تزوج راشد ويسرا بعد وقت قصير من اختيارهما للرحلة. كانوا قد عادوا إلى نيودلهي من مسقط رأسهم في صحار لحضور

التجمع الذي عقد على شرفهم من قبل وزارتي علوم الفضاء وعلم الآثار. كما حضر الاجتماع وزراء من الوزارات المعنية في عمان.

شارك كل من المسح الأثري للهند والجمعية الأثرية العمانية في اختيار قطع أثرية قديمة محددة للتجارب التي سيتم إجراؤها على سطح القمر. كان ميناء صحار والمنطقة الحرة أحد المساهمين البارزين في جمع الآثار.

خلال تطوير منطقة صحار الحرة في أوائل عام 2010، صادفت السلطات عددًا كبيرًا من الهياكل المستطيلة على قمة الجبال الصغيرة المنتشرة في جميع أنحاء المنطقة بين منطقة صحار الصناعية وليوا. عند فتح بعض هذه الهياكل الشبيهة بالصناديق، وجدوا بقايا بشرية وقدرت الجمعية الأثرية العمانية عمر هذه الآثار بحوالي 2000 إلى 3000 سنة. أشارت الصناديق إلى حضارة قديمة مارست طقوس دفن موتاها داخل هياكل حجرية حمراء في خط على تلال مرتفعة.

من بين أشياء أخرى كثيرة، اختاروا اثنين من المقابر. كان أحدهما من خط المقابر على الجبل الذي فُتح للتحقيق. كان الهيكل العظمي سليمًا. تم إغلاقه في نفس القبر ونقله إلى نيودلهي للتجربة.

تم العثور على قبر آخر فوق أحد التلال السفلى. كان من الغريب أن تكون وحدها على التل ووجدت مختومة تماما. دون إزعاج الختم الأصلي، تم ربط القبر ونقله. كان من المقرر فتحه فقط بعد الوصول إلى وجهته في الفضاء.

صاغ أستاذان في جامعة دلهي سلسلة من التجارب مع المقالات القديمة. كان أحدهما عالم آثار هندي بارز، الدكتور سانجاي بودوفال والآخر الدكتور قاسم عبد الله العجمي من جامعة السلطان قابوس في عمان الذي كان يعمل على زمالة ما بعد الدكتوراه تحت إشراف الدكتور سانجاي. كان كلاهما بارعين ومنغمسين في حبهم للدراسات حول مصدر طاقة الحياة على الأرض التي كانت معروفة ببساطة للرجل العادي كأرواح وكيف يمكن ربطها بالحياة المحتملة في الكواكب البعيدة من خلال السفر إلى الفضاء.

كانت يسرى طالبة تعمل مع قاسم تحت إشراف سانجاي للحصول على درجة الدراسات العليا. بعد الانتهاء من درجة الماجستير في العلوم مع راشد. كلاهما من نفس ISRO الأثرية، اختارت التدريب في مدينة صحار في عمان وكانا يعرفان بعضهما البعض منذ طفولتهما. كانت العائلتان جارتين لعدة سنوات.

كان راشد يحصل على زمالة الدكتوراه عندما انجذب إلى الدورة التدريبية لرواد الفضاء في ISRO. ساعدته خلفيته في علوم الفضاء على التفوق في التدريب.

قرر برنامج تشاندرايان لأبحاث الفضاء اختيار رائد فضاء واحد من كل من علوم الفضاء وعلم الآثار. وقع الوشاح على الزوجين بسبب درجاتهم الممتازة في التدريب والحماس الذي أظهروه تجاه موضوع المشروع المحدد.

هذا يناسب الحكومة الهندية منذ أن كانت الرحلة الثامنة لشاندرايان معروفة باسم "مكوك الصداقة الهندي العماني" وتم تمويلها جزئيًا من قبل حكومة عمان. كانت الجمعية الأثرية العمانية مساهمًا رئيسيًا في المقالات الخاصة بالتجارب على متن السفينة وكذلك على سطح القمر.

في الولايات المتحدة الأمريكية، منذ فترة طويلة، ترسخت السياحة الفضائية وازدهرت بشكل جيد. كان العديد من المشغلين يصطحبون السياح في رحلات قصيرة حول الفضاء. تم إنفاق الملايين على هذه الرحلات. من ناحية أخرى، كان هناك العديد من الأشخاص الذين كانوا متشككين في هذه الرحلات الممتعة، مستشهدين بالمخاطر غير المعروفة التي ربما كانت موجودة في الفضاء. عندما لا يعرف المرء ما يمكن توقعه، كيف يمكنه اتخاذ الاحتياطات اللازمة لمنع حدوث ذلك؟

كانت رحلة تشاندرايان 8 على المحك بالنسبة لسانجاي وقاسم. كان عملهم مدى الحياة على وشك الحصول على التقدير الذي يستحقه. كان ينبغي أن يحدث هذا قبل ذلك بكثير، ولكن لم يكن من السهل تخفيف الأشرطة الحمراء للبيروقراطية. لقد حذروا مرارًا وتكرارًا من

مخاطر السفر بين الكواكب من خلال نظريتهم حول انتقال الأرواح.
كان لا بد من دراسة مخاطر سفر الإنسان إلى الفضاء، وخاصة إلى القمر والمريخ بدقة في ضوء النظرية التي طوروها لتقليل المخاطر أثناء الرحلات الفضائية المستقبلية.

لقد أجروا العديد من هذه التجارب داخل الكبائن لمحاكاة الظروف في الفضاء أو سطح القمر من أجل فهم الآثار على القطع الأثرية القديمة. حتى أن لديهم هياكل عظمية تم استردادها من المواقع الأثرية وفي إحدى المناسبات- مومياء، تم استعارتها من أحد المتاحف الأثرية المعروفة في مصر، للخضوع لمثل هذه الاختبارات. لقد استمدوا العديد من النظريات من هذه التجارب. ولكن لإثباتها حتى النخاع، كان عليهم القيام بنفس الشيء في الغلاف الجوي الفعلي للقمر. لقد انتظروا بصبر دورهم، وحثوا رئيس مشروع شاندرايان على قبول اقتراحهم.

أخيرًا، نجحوا. لحسن الحظ، تم اختيار معجزة خاصة بهم للرحلة.

أخيرًا، سيتم اختبار نظريتهم، وإذا سارت الأمور على ما يرام، فسيتم إثباتها أيضًا بما لا يدع مجالًا للشك! لم يكن من السهل عليهم الوصول إلى ما هم عليه الآن. ولم يتم الحصول على الموافقات من الإدارات المعنية إلا بعد جلسة شاقة مع لجنة بارزة من القضاة.

أطلقوا على نظريتهم اسم رحلة الأرواح.

11

رحلة الأرواح

كان سانجاي مستعدًا لمواجهة وابل الأسئلة من المجلس. كان قاسم ويسرى حاضرين لدعمه. بدا الثلاثة هزيلين أمام الموظفين المثقفين الجالسين على المكتب نصف الدائري. كان هناك شخصيات بارزة من معظم المنظمات المرتبطة بعلوم الفضاء وعلم الآثار بما في ذلك منظمة) DRDO)مركز فيكرام سارابهاي للفضاء(، و VSSC والمسح الأثري للهند ISRO البحث والتطوير في مجال الدفاع(، و.

كانوا ينتظرون بفارغ الصبر لتشريح أطروحة سانجاي وزملائه الباحثين حول رحلة الأرواح.

تم الانتهاء من العرض الأولي للأطروحة. استقطب تصفيقًا وسيمًا من الجمهور باستثناء الرجال الذين يحملون السيوف المثلية. لم يظهروا أي مظهر من مظاهر قبول أحدث نظرية من الباحثين. كانت مهمتهم دحض أي نظرية قبل قبولها.

صحيح أنه إذا قال الجميع نعم، فلن يكون هناك نقاش وبدون نقاش لن يظهر شيء جديد. اعتقد سانجاي أنه عندما يكون هناك المزيد من النفي، فإن المزيد من الإيجابية ستظهر لنفي النفي. كان أكثر ثقة من أي وقت مضى لمواجهة المجلس.

دكتور سانجاي، هل أنت مستعد للتفكير في الأسئلة التي" سنطرحها ؟ إذا كنت قد خرجت من مجد تقديم أطروحتك، فيمكننا بدء الجلسة لتقويض موضوعك ." بدأ الرئيس بقوة.

كان سانجاي مستعدًا لمواجهة أي عدد من الأسئلة. لكن قاسم ويسرا ذهلا من مكانة كبار الشخصيات الجالسين أمامهما. كانوا أيضًا واثقين من اجتياز هذه الاختبارات الصارمة، حتى قبل فترة. ولكن بعد سماع أسماء وتعيينات الأعضاء في هيئة القضاة، بدا أنهم فقدوا قوتهم. لكنهم كانوا مصممين على الحفاظ على اتزانهم لدعم قائدهم.

" نعم يا سيدي. نحن مستعدون ويمكنك بدء الإجراءات".

نظر سانجاي بلا مبالاة إلى الرئيس. كان مصمماً على عدم خيانة مشاعره الداخلية من خلال لغة جسده. على مر السنين، تعلم أن لغة الجسد هي الأكثر أهمية في أي نقاش. أكثر من المضمون، انتبه المستمعون إلى الطريقة التي يلقي بها المتحدث كلماته.

"لقد قلت إن الروح التي هي طاقة الحياة جاءت من كواكب أخرى في الكون منذ آلاف السنين. فلماذا لا تحاول هذه الأرواح العودة إلى أصلها أو لماذا لا يحاول أي شيء من أصلها الوصول إليها ؟" كان للرئيس شرف طرح السؤال الأول.

"سيدي، قبل عدة آلاف من السنين، ترسخت حضارتنا في أماكن مختلفة في جميع أنحاء الأرض. لقد اكتشفنا عدة مواقع في تركيا ومصر والعراق والهند وما إلى ذلك أثبتت أن الرجال بدأوا حياتهم في هذه الأماكن في وقت مبكر من 7000 قبل الميلاد. وتعرف هذه الحضارات باسم الحضارات المبكرة.

"في كاتالهويوك في تركيا، كان السكان الأصليون يدخلون إلى المنازل على السطح. تم الاستدلال على أن الدخول عبر السقف هو ميزة أمان ضد الحيوانات البرية. ولكن ماذا لو افترضنا أنه بدلاً من الحيوانات البرية، كانوا يتوقعون زوارًا من السماء ؟ أو ربما كانوا منفتحين للمراقبة من السماء.

"تظهر الصور التوضيحية المجردة على جدران المنازل أشكالًا غريبة تنحدر من السماء. كما علمنا أنهم كانوا يتركون جثث الموتى في الخارج، على قمة التلال-وهي ممارسة نسميها الآن دفن السماء، كدليل على احترام الآلهة.

"لكن يا سيدي"، توقف سانجاي لفترة لأخذ رشفة من الماء من الكأس المحفوظ في مكان قريب وأعطته تلك اللحظة فرصة للنظر إلى الجمهور، لالتقاط ردود أفعالهم. كانوا في حالة انتباه شديد حتى لا يفوتوا أي كلمة من المتحدث. "إذا قلت إن الآلهة التي نفترض أن هؤلاء الناس كانوا يتوقعونها، كانت في الواقع أرواحًا من العالم

الخارجي بأشكال وملابس مختلفة، فهل يمكن لأي شخص هنا أن ينفي ذلك بشكل قاطع؟"

لم ينتظر سانجاي إجابة من القضاة. وتابع كلامه دون أن يمنحهم فرصة لكسر تدفق كلماته. "لا، هذا غير ممكن. الآلهة هي أشكال افتراضية من الأرواح. لكنني أود أن أقول إن هؤلاء الناس كانوا يتوقعون أن تنزل الأرواح من السماء. حتى أنهم فتحوا أبوابهم على السماء. أنا أقبل حقيقة أنها ربما وفرت لهم الأمان من الحيوانات البرية، ولكن في الوقت نفسه، ألن يكون من المعقول أن يبقوها مفتوحة على السماء حتى يتمكن أسلافهم من العالم الخارجي من الاقتراب منهم بسهولة، كلما قرروا الظهور وإعطاء فرصة للأرواح الراحلة للعودة إلى أصلها؟"

توقف سانجاي الآن. بحثت عيناه عن الجمهور. كان يعلم أنه يحظى باهتمامهم الكامل. نظر إلى الوراء إلى اللوحة. جميعهم بما في ذلك الرئيس كانوا ينتظرون استمراره.

"الآن دعونا نأخذ الاكتشاف الأخير للمقابر على قمة الجبال" في عمان. أصدقاؤنا هنا، قاسم ويسرا، من نفس المنطقة التي تم العثور فيها على هذه المقابر. لم يتم اكتشافها، ولكن تم اكتشافها في قمة الجبال على التوالي. لم تكن واحدة أو اثنتين أو عشرة، ولكن عدة مئات متناثرة في جميع أنحاء تلك المنطقة على العديد من قمم الجبال. كانت الجمعية الأثرية تتساءل وتحقق في منطق وجود هذه المقابر على ارتفاع أعلى. تم طرح نظريات مختلفة مثل وجود الوديان تحت الماء وإنقاذ المقابر في حالة الفيضانات وما إلى ذلك. لكن هل حاولوا حقًا إنقاذ الموتى عندما كان هناك تهديد للأحياء في حالة الفيضان؟ إلى جانب ذلك، لا تظهر الجبال المحيطة بهذا المكان أي علامات على أنها مغمورة في الماضي.

"هنا تكمن نظريتنا في توقع عودة الروح إلى العالم من حيث أتت أو أن تجذب الأرواح الخارجية للانضمام إليها. هؤلاء الرجال القدماء من مجان، الاسم القديم للبلاد، كانوا يعرفون جيدًا كيف نشأوا، لم يحدث ذلك بين عشية وضحاها على سطح أرضنا. لكن الأرواح

طاقة الحياة كما نراها اليوم، جاءت من مناطق أخرى في مجرتنا أو مجرات أخرى ".

آسف على التدخل، سانجاي ولكن لدي شك." كان غوثام" من إيسرو. "لماذا لا يمارس أحد الآن طقوس الرجال القدماء هذه في انتظار خروج الأرواح أو السفر إليها ؟"

رفع سانجاي كفه في غوثام لإظهار أنه كان سؤالًا ذا صلة. في الواقع، كان ينتظر أن يخرج الناس بمثل هذه الأسئلة حتى يتمكن من إلقاء المزيد من الضوء على نظريته لجعلها أكثر ملاءمة.

اعتاد الرجال القدماء العيش في مجموعات صغيرة في" مناطق ذات مناخ وغطاء نباتي يحافظان على الحياة. كانت هذه عادة وديان الجبال في معظم البلدان. كان بإمكانهم الوصول إلى قمة الجبال وكانوا يصلون من هذه الأماكن وهم ينظرون إلى السماء. في وقت لاحق وصفها الإنسان بأنها صلاة للآلهة فوقنا. لكنهم كانوا يتوقعون ظهور الأرواح، إما للدخول في كائنات جديدة أو أخذ المنفصلين.

مع نمو السكان، هاجروا إلى أماكن بعيدة عن الجبال" وأصبح من الصعب الاستمرار في الطقوس القديمة المتمثلة في ترك الموتى على ارتفاعات عالية. ومع ذلك، ستجد أنه تم العثور على أقدم الحضارات دائمًا حول التلال والجبال. في معظم هذه المواقع الأثرية، اكتشفنا لوحات أو نقوشًا لأشكال شبيهة بالإله ومواد طائرة. حتى الأساطير الهندية تخبرنا بقصص عن كيفية اعتياد الناس على الطيران في العصر القديم. إذا لم يروا أجسامًا طائرة، فكيف كان بإمكانهم تخيلها ليتم رسمها أو كتابتها عنها ؟

لذا كإجابة على سؤالك، غوثام، يجب أن أقول أنه مع" مرور القرون، ارتبطت النفوس أيضًا بمملكة الأرض. ولكن إذا أتيحت لهم الفرصة، سيحاولون الهرب إلى العالم الخارجي. هذا هو المكان الذي تكتسب فيه نظريتنا عن رحلة الأرواح أهمية ".

هل تعتقد أن جميع الأرواح ستحاول الهرب ؟" راجيش" من DRDO طرح السؤال.

"لا، الفرص منخفضة." أجاب سانجاي. "تبقى الطاقات الإيجابية والسلبية التي تشكل جزءًا من الأرواح إلى حد كبير في المنطقة التي تخلصت فيها من الجسد وقت الوفاة. يحاولون دخول الأجنة الجديدة لإعطاء الحياة لأشكال جديدة من الحياة. يمكننا أن نعتبر ارتباط هذه النفوس بطاقات أصلها، مفقودًا تقريبًا. ولكن قد لا تزال هناك بعض النفوس في مكان ما على أرضنا التي لها روابط بأصلها، أو لديها الرغبة في الانضمام إلى أصلها. ربما إذا أتيحت الفرصة ستحاول بعض الأرواح الأخرى أيضًا القفز إلى الرابط."

"هذا هو بالضبط السبب في أننا نقول أنه يجب علينا حماية رواد الفضاء أو السياح الفضائيين من الفرصة البعيدة للتواصل مع الأرواح البعيدة أثناء رحلاتهم الفضائية. تخيل روحًا واحدة تتحرر من جسدها الحالي أثناء وجودها في الفضاء الخارجي. سيكون متحمسًا لاحتمال الشحن بعيدًا. سيكون الانجذاب نحو أصله أكثر ألف مرة في الفضاء الخارجي من ذلك على الأرض."

"هذا يجعل الرحلة إلى الفضاء مخيفة حقًا". كان ذلك موهان. "إذا حدث ذلك، يمكن للسياحة الفضائية أن تعيث فسادا VSSC. من في يوم من الأيام."

أراد قاسم أن يتحدث ببضع كلمات ونظر إلى سانجاي الذي أومأ برأسه.

"السيد موهان، لا نريد أن نرسم صورة قاتمة للسياحة الفضائية، لكن نيتنا هي التوصل إلى احتياطات للتخفيف من المخاطر. لمعرفة العلاج، نحتاج إلى العثور على المرض الحقيقي أولاً. هذا هو المكان الذي يثبت فيه اقتراحنا للتجارب كمزيج من علم الآثار وعلوم الفضاء أنه أمر حيوي."

أومأ موهان برأسه بقوة مبينًا موافقته على المشروع المقترح.

كانت هناك بعض الأسئلة الأخرى من أعضاء اللجنة. كان سانجاي يتوقع معظم هؤلاء، بل إنه أعد قاسم ويسرا للتعامل معهم.

،لذلك عندما تطلبت الأسئلة إجابات محددة - وهو شيء اشتقوه بالفعل انتهزوا فرصتهم للانضمام إلى المعركة.

طرح خالد من الجمعية الأثرية العمانية سؤالاً عليهم. "لقد سمعنا أن هناك قسمًا من الناس في الهند لا يزالون يدفنون في السماء. "ما هي وجهات نظرك حول هذه الطقوس ؟

أخذت يسرى السؤال من خالد مع كلمة سلام أولية قبل الإجابة. "الهند مجتمع كبير له معتقدات وطقوس متباينة. كان من الصعب جدًا فهم كل هذه الطقوس أثناء دراستنا. ومع ذلك، كان هناك عدد قليل منها ذات صلة بأطروحتنا. هؤلاء الناس يمارسون نظام الدفن في السماء منذ دهور ويتبعون الاعتقاد الذي تم تسليمه من جيل إلى جيل. لقد آمنوا بتفسير كتبهم المقدسة كما حددها علماؤهم الدينيون ولم ينازعوهم أبدًا ".

لكن هل تشير هذه الطقوس إلى روايتك لنظرية أصل" الأرواح ؟" قاطع خالد يسرى.

أراد سانجاي اختصار النقاش حول هذه الطقوس لأنها تميل إلى أن تكون حساسة للغاية، كونها ذات صلة بأديان معينة. تولى مقاليد الأمور من يسرى. "سيد خالد، بالنسبة لسؤالك، ستكون إجابتنا نعم ولا. يمكن تفسير العديد من الأشياء بالطريقة التي يراها المنشئ مناسبة. إنه يشبه تحليل الإحصائيات التي تعتمد على مجموعات القيم التي تختارها لشرح نسختك من النقاش. لذلك، أود أن أقول إن الدفن في السماء يمكن اعتباره طقوسًا تستند إلى الاعتقاد بالسماح للروح بالابتعاد عن هذا العالم إلى أصله الذي يقع على بعد آلاف الأميال أو بالأحرى بعيدًا عن الأرض. واعتبرت السماء المفتوحة وسيلة للسفر إلى الخارج دون عقبات ".

عندما اختتم سانجاي خطابه، كان هناك تصفيق حاد من الجمهور. ثم طلب منهم الرئيس التزام الصمت. لم يكن قد انتهى بعد.

لقد قمنا بالعديد من الرحلات الفضائية التي من صنع" الإنسان والتي قامت بها بالفعل الولايات المتحدة الأمريكية وروسيا

وحتى الصين مؤخرًا. تم بناء محطة فضائية من قبل هذه الدول كمشروع مشترك. الآن، لماذا هذه الآثار التي تدعي أنها قد تحدث، لم "تؤثر بعد على هذه الرحلات ؟

كان سانجاي ينتظر مثل هذه الحجج من اللجنة. نظر قاسم ويسرا إلى سانجاي بترقب. كانوا يعرفون أن لديه إجابة لجميع المتصورين.

بدأ سانجاي. "سيدي، السؤال هو الأكثر أهمية في عصرنا الفضائي الحديث. قبل الإجابة على السؤال، أود أن ألفت انتباهكم إلى عدد الأفلام والروايات التي تم كتابتها فيما يتعلق بالسفر إلى الفضاء ،والفضائيين. جول فيرن، الذي كتبت كتبه من الأرض إلى القمر وحول القمر، وخارج المذنب منذ سنوات عديدة -عندما لم تبدأ البشرية حتى في السفر إلى الفضاء، هو مثال الأكثر أهمية. كتب إتش جي ويلز حرب العوالم في عام 1898. يروي هذا الكتاب قصة مخلوقات من خارج الأرض تحاول إخضاع البشرية.

كيف حصلت هذه الشخصيات البارزة على فكرة عن" الفضائيين والحروب المتخيلة التي أحدثتها هذه المخلوقات أو الذكاء من الفضاء الخارجي ؟ يجب أن يكون هناك نوع من آلية التحفيز التي من شأنها أن توقظ خيالهم. وبعبارة أخرى، فإن التحول التقاربي لروحهم إلى أصل طاقة الحياة يجب أن يكون قد حول عقولهم لخلق أشكال الحياة هذه في الكتب والأفلام. في بعض الناس، تكون الروح أقرب إلى الأصل من غيرها. عندما يتدربون عقليًا على تسريع هذا الاتصال، تبدأ الصور في التبلور في أذهانهم والتي نسميها الإبداع.

فقط أغمض عينيك وحاول أن تتخيل شكلًا فضائيًا. كلما" ركزت أكثر، ستشعر أنه حقيقي. ثم يمكنك رؤية الشرائح تتحرك في عقلك لتشكيل العديد من الصور غير ذات الصلة. قد يبدو أن هذه الأمور غير ذات صلة. ولكن إذا فكرت أكثر فيها، فقد تتمكن من ربطها بمرحلة غير مفسرة من حياتك، على الرغم من أنها قد لا تكون مرتبطة بالمرحلة الحالية. هؤلاء هم الذين يجب توخي الحذر بشأنهم وضعهم الأذكياء لاستخدامهم من خلال الكتب والأفلام.

كان لديهم الرغبة في إنشاء الأشكال وإعادة إنشاء المواقف" المشابهة لأصل الأرواح التي تقع على بعد ملايين الأميال. عندما تعبر هذه الحوافز حدًا معينًا، قد تحاول الروح الخروج من الحدود. بمجرد تجاوزهم الحد، قد يميلون إلى الانجذاب إلى محطتهم الأساسية الأصلية أكثر من المعتاد. قد يتسبب هذا في النهاية في حدوث فوضى
."

توقف سانجاي عن قصد، على الرغم من أنه كان لديه الكثير ليقوله. نظر إلى الرئيس الذي كان يوليه اهتمامًا هائلاً. لقد قدم وجهة نظره بهذه الطريقة مع القليل من الأعمال الدرامية-باستخدام يديه لإعطاء شكل للأشياء، لدرجة أن الكثيرين في الجمهور وكذلك في اللجنة بدأوا يعتقدون أنهم أحد أولئك الذين لديهم اتصال مع الفضائيين. خلق ذلك موقفًا مخيفًا قد يميل فيه المرء إلى إخراج نفسه من هذا العالم ليتحد مع الأصل. بالنسبة للبعض، قد تكون فكرة مثيرة.

تلعثم الرئيس بشكل غامض، "نعم، من فضلك استمر. أعتقد أنني فهمت الأمر."

"سأقترب قليلاً من قلوبنا." كان سانجاي ينظر باهتمام إلى وجه الرئيس. "فقط خذ بعض الوقت للعودة إلى طفولتك. كلما أرادت الأم إطعام أطفالها، كانت تظهر النجوم الرائعة في السماء وتخبرهم عن العديد من القصص الرائعة للحياة في تلك النجوم. عندما يريدون مواساة أطفالهم حول المقربين الذين ماتوا، كانوا يقولون إن النجوم تحمل في الواقع أولئك الذين تركونا وأنهم يراقبوننا دائمًا من مسكنهم السماوي في السماء. لماذا يتسلل مفهوم الناس الذين يذهبون إلى النجوم عندما يموتون إلى أذهان الناس؟"

توقف سانجاي ونظر إلى وجوه أعضاء اللجنة. كان يعلم أنه استحوذ على عقول منتقديه. "الآن سأنتقل إلى السؤال الذي طرحته، سيدي الرئيس. إذا مررت بتاريخ رحلات الإنسان إلى الفضاء، فقد تجد الكثير من الكوارث التي حدثت. على الرغم من أنهم يقولون إن التحقيقات جارية، إلا أنه لم يتم نشر تقارير قاطعة محددة لمعرفة الجمهور. كل هذا يدخل في قسم الوثائق السرية. لماذا ؟ ربما

تكشف التقارير عن بعض الأنشطة غير المرغوب فيها التي من شأنها أن تسبب هذه الكوارث. يمكن تتبع هذه الأنشطة الغريبة إلى روح واحدة أو أكثر تخلت عن مكانتها الأرضية للوصول إلى مكانتها الأصلية في الكون.

"إذا حدث ذلك من قبل، ألا يمكن أن يحدث... ألن يحدث مرة أخرى ؟" أوقف سانجاي خطابه مع ذلك المتصنع.

رأى أن جميع أعضاء اللجنة قد بدأوا في إيماءة رؤوسهم لإظهار موافقتهم على تفسيره. كان الرئيس ينظر بثبات إلى سانجاي بتعبير فارغ. ثم نهض ببطء وبدأ يصفق بيديه كعلامة على تقديره. نهضت اللجنة بأكملها، وبعد ذلك الجمهور بأكمله كوحدة واحدة وانضموا إلى الثناء على الثلاثي.

وقف سانجاي وزملاؤه قاسم ويسرا أيضًا لاستقبال التصفيق من التجمع. أحنوا رؤوسهم لإظهار احترامهم لمشاعر الناس أمامهم.

كانت دعوة البوق لبدء رحلة الأرواح قد بدت.

20

انطلق

كانوا داخل الكبسولة الفضائية، مربوطين بشكل مريح بمقاعدهم. كان المكوك جاهزًا للإقلاع. تم إجراء الفحوصات النهائية وبدأ العد التنازلي.

كان راشد ويسرا في رحلتهما الأولى إلى الفضاء. القمر الوجهة. كان لديهم العديد من البدايات المرتبطة بهذه الرحلة.

كانا أول زوجين يذهبان في رحلة فضائية معًا. كانوا أول رواد فضاء من عمان يقومون برحلة إلى القمر. حتى التجارب التي سيتم إجراؤها على القطع الأثرية القديمة لم يتم إجراؤها من قبل. كان قسم علوم الفضاء وعلم الآثار يتعاونان معًا لأول مرة لإجراء هذه التجارب. وللحد من كل ذلك، كانت هذه أول رحلة فضاء للصداقة بين الهند وعمان.

وبينما كانوا مستلقين في نفس مضغوط للانفجار، تسابق عقل يسرى على الاستعدادات المحمومة خلال الأشهر الماضية. لم يسبق لها في حياتها أن عملت كثيرًا. كانت ستستسلم للضغط الزائد لولا رشيد الحلو. كان دائمًا موجودًا لتشجيعها ودفعها إلى الأمام. كان من الممتع أكثر أنهم كانوا يسافرون معًا. سيتم لصق عائلاتهم في صحار على أجهزة المراقبة الخاصة بهم لمشاهدة البث المباشر للانفجار.

كان الدكتور سانجاي مهندس مهمتهم. كان شخصًا ينضح بالثقة في كل مهمة يضطلع بها. وقد تدفقت هذه الثقة بشكل أساسي إلى زملائه أيضًا. كان من حسن حظهم أنهم تمكنوا من العمل مع مثل هذه الجوهرة لشخص ما.

تعامل الدكتور سانجاي مع لجنة القضاة بشكل جيد للغاية في يوم المقابلة. لم يكن لديه أي شك أثناء الإجابة على الأسئلة التي طرحها أعضاء اللجنة.

إذا كانت نظريتهم صحيحة، ألن يخاطروا بشكل كبير من خلال الشروع في هذه الرحلة الفضائية ؟ يمكن لأي منهما أن يكون مالكًا لروح من الفضاء خارج الأرض. لا أحد يستطيع أن يميز أصل أو قرب الروح في شخص مع العالم الخارجي، مهما كانت حميمية سيكون الشخص نفسه هو الذي يمكنه فهم الفرق. ربما يشعرون بالانجذاب نحو الفراغات في السماء أو ملايين النجوم المنتشرة في السماء. أو ربما لا يجب أن يحدث هذا الانجذاب بالضرورة أثناء وجودك على الأرض. يمكن أن تبدأ بمجرد خروجهم من مجال الجاذبية الأرضية.

يمكن أن يكون هناك العديد من الأشخاص الذين يعيشون على الأرض والذين كانوا على دراية بأصلهم. كان الأمر كما لو أن شخصًا ما كان يزرع بذور الخيال في أذهانهم لجعلهم على دراية بالأشياء التي يجب القيام بها للعودة أو الاتصال بأصلهم.

تذكرت يسرى اليوم الذي حلمت فيه بتسلق جبل بالقرب من منزلها والعثور على الصندوق المستطيل المصنوع من الحجارة الحمراء. على الرغم من أنها كانت على دراية بصف القبور على قمة الجبل، إلا أن هذا القبور وقف هناك بمفرده. لم تكن هناك مقابر أخرى يمكن رؤيتها في أي مكان قريب. شعرت كما لو أنها تنجذب نحو الصندوق. ثم عندما كانت تقترب من الصندوق، تعثرت فوق جذر وسقطت على المنحدر. بينما كانت تتدحرج، نادت طلباً للمساعدة واستيقظت من نومها.

تكرر الحلم عدة مرات. عندما حان الوقت لاختيار المواد للتجربة في الفضاء، غير مدركة لما كانت تفعله، قادت راشد إلى قمة الجبل وكان هناك، القبر الانفرادي بالحجر الأحمر. كانت مغلقة في كل مكان وقرروا عدم إزعاج الأختام.

كان الأمر كما لو أن شخصًا ما أو شيئًا ما قد أثر على عقلها لاكتشاف القبر الانفرادي واختياره لمهمته. شخص ما كان يزرع الأحلام في عقلها أو ربما كانت موجودة بالفعل في عقلها الباطن. لم تكن متأكدة من كيفية أو ما يمكن استنتاجه منه.

الآن كان هناك داخل المكوك يرافقهم في مغامرتهم الأولى إلى القمر مستلقية هناك، كانت لديها رغبة ملحة في النظر إلى القبر. لكنها لم تكن لتنتقل من منصبها الحالي. سيحدث الانفجار في أي وقت. سيكون هناك ما يكفي من الوقت للنظر إلى الصندوق أثناء سفرهم.

كانت يسرى عالمة آثار متعطشة. كان لعشيرة النبهاني في صحار تاريخ طويل. حاولت جمع جذور عائلتها لإنشاء شجرة عائلة. يمكن أن تعود إلى حوالي ثلاثة قرون لاسترداد أسماء الأشخاص من الأجيال الستة الماضية، كانت دائمًا في حيرة من أمرها بسبب ذكر اسم فاطمة الذي استشهد به الكثيرون في مذكراتهم التي جمعتها وقرأتها. بدا أنه اسم محترم في العائلة. لكن تفاصيل الشخص الفعلي استعصت عليها.

لقد فكرت في هذه الجدة العظيمة المتعددة. لا بد أنها كانت أسطورة في حياتها. تعجبت من فكرة وضع اليد على بعض الوثائق المتعلقة بفاطمة. كان بإمكانها كتابة قصة عن هذه السيدة القوية. لكن الأمر لم يكن كذلك، لم تكن هناك كتابات عن فاطمة. ولكن في أوقات اليأس ذكر الكثيرون في أسرهم اسم فاطمة أثناء الصلاة إلى الله سبحانه وتعالى. نضح الاسم بالطاقة والثقة في عقول الناس في منزلهم.

كان من الغريب أيضًا أنه لم يكن هناك آخرون باسم فاطمة في عائلتهم. كان الأمر كما لو أن العائلة أرادت فاطمة واحدة فقط أو ربما اعتبروا الاسم نفسه من المحرمات. بالنسبة لها، كان هذا الاسم مصدرًا للطاقة. لطالما أرادت تغيير اسمها إلى فاطمة. لكن والديها لم يوافقا أبداً.

ظلت فاطمة لغزًا. بمجرد عودتها إلى صحار، كانت ستواصل بحثها عن فاطمة.

كان بإمكانها سماع العد التنازلي. سرعان ما سينطلقون. تم إجراء جميع الفحوصات في الوضع البعيد من غرفة التحكم الأرضية. قام المهندسون في المحطة بمراقبة نظام الملاحة بأكمله. تم تكليف رواد الفضاء بإجراء التجارب.

بمجرد أن يكونوا في المدار المحدد حول الأرض، يمكنهم النهوض والبدء في التحقق من المهام التي يتعين إكمالها قبل أن يعيدهم التحكم

الأرضي إلى الطريق إلى وجهتهم النهائية. شخص آخر كان يتحكم في مصيرها. أرسلت الفكرة نفسها قشعريرة إلى جسدها. إذا تمكن المهندسون في المحطة من التحكم في رحلتهم، فهل يمكن أن تتداخل بعض القوى الغريبة مع رحلتهم ؟ كان الهدف الأساسي من هذه الرحلة التجريبية هو العثور على مثل هذا الخطر والقضاء عليه. لم تكن مهمة سهلة. ركزت عقلها على فاطمة لمنحها الثقة في خوض هذه الرحلة.

كانت حريصة جدًا على تجميع قطع لغز الصورة التي كانت فاطمة. تذكر الجميع الاسم برهبة، لكن لا أحد يعرف السبب وراء التقديس. كانت تعتقد دائمًا أنها إذا استمرت في التركيز على موضوع معين، فإن عقلها سيثير الأشياء ؛ حتى لو كان مرتبطًا بشكل غامض بذلك لإعطاء استنتاج منطقي أخيرًا. قررت ممارسة نظريتها حول فاطمة أثناء انتظار الانفجار الأخير. من شأن عملية التفكير هذه أن تمنحها المزيد من التبصر.

تردد عقلها بين اللغز المسمى فاطمة والمهمة التي أوكلت إليها. كان عليها التركيز على إطلاق الصاروخ أيضًا. يجب ألا تثنيها أفكار فاطمة عن واجباتها الحالية.

الخطوات قبل الانطلاق التي تدربوا عليها خلال دورتهم في منشأة تدريب رواد الفضاء في بنغالورو مرت في ذهنها. بمجرد أن تصل الساعة إلى الصفر، سينتهي العد التنازلي وستبدأ مهمتهم. تشتعل المحركات الرئيسية ثم تطلق الصواريخ المعززة الصلبة. وقد وفرت هذه الصواريخ الطاقة اللازمة للارتفاع عن الأرض. بسبب الاحتراق، تم دفع الغازات إلى الأسفل بسرعات عالية بحيث تتحرك المركبة الفضائية إلى الأعلى.

في غضون ثوانٍ من هذا الحريق، ستزيل المركبة الفضائية منصة الإطلاق. في غضون دقيقتين أخريين، بعد الانتهاء من الجزء الخاص بهم من المهمة، تنفصل المعززات عن الجسم الرئيسي وتسقط. ثم سيدخلون الفضاء وسيقوم التحكم الأرضي بمناورتهم في مدارهم المحدد مسبقًا حول الأرض.

لم يكن لديهم ما يفعلونه سوى انتظار الانفجار. لن تبدأ وظائفهم إلا بعد وصولهم إلى المدار. لطالما جلب الانتظار مشاعر مختلطة ل يسرى. توقع ما هو غير متوقع كان مثيرًا. كان ذلك عندما تمكنت من تنظيم عملية تفكيرها. لماذا لا تستغل الوقت لتصور جدتها العظيمة المتعددة ؟

،توقعت سماع الصفر القاطع وهتاف محركات الصواريخ المشتعلة أدار عقلها الساعة إلى الوراء. أجبرت نفسها على القيام برحلة إلى الوراء في الوقت المناسب، ما يقرب من خمسة قرون إلى الوراء. حاولت أن تعطي وجهًا لجدتها العظيمة المتعددة. ها هي...فاطمة!

عشرة...تسعة...ثمانية...سبعة...ستة...خمسة...أربعة...ثلاثة...اثن..." ان...واحد...ابدأ...ثلاثة...اثنان...واحد...صفر...انطلق..."

وانطلقوا.

25

ليوا، عمان
إلى 1500 1498

26

انا فاطمة علي النبهاني

.في النهاية عدت إلى إقامتي الوحيدة

كان هذا الجبل أكثر ما أحببته في قريتي. كانت بعيدة عن بيتي. اضطررت إلى المشي كثيرًا للوصول إلى هنا. مهما حدث، لقد أحببت هذا المكان.

هنا كنت وحدي. وحدي لدي أحلامي الخاصة، لأأخذ أجنحة وأطير حول العالم- العالم، الذي تم إنشاؤه في أحلامي من روايات أخي الأكبر، حسين. كان محظوظًا جدًا لأنه أبحر إلى الأراضي البعيدة في مركبته الشراعية مع أصدقائه.

الآن كان عباس يذهب معه أيضًا. كنت سأعرف المزيد عن الناس في تلك الأماكن عندما عاد عباس. سيكون قادرًا على إخباري أكثر من حسين. يمكنه شرح الأشياء بطريقة حية بحيث يتمكن المستمع من السفر معه ؛ كما لو كان يرى الأشياء بأم عينيه.

كل مساء، كنت آتي إلى قمة هذا الجبل حيث يمكنني رؤية البحر. كانت المياه الزرقاء جميلة جدا. لقد كان مهدئًا جدًا للعيون. أجهدت عيني لالتقاط مشهد عودة سفينة حسين. لا شيء اليوم.

لقد مر ما يقرب من شهر منذ أن أبحروا. عادة، سيعودون في غضون شهر. ستبدأ أمي في الانزعاج إذا لم يعودوا في الوقت المناسب.

لكن هذا البحر، بدون حدود يمكن لأعيننا أن تراها، يمكن أن يحمل الكثير من الأسرار. بعد كل رحلة، كان حسين يتحدث عن شيء جديد حدث أثناء الرحلة.

أتذكر اليوم الذي عادوا فيه مع هذا الحوت الضخم. كان من الرائع الاستماع إلى حسين وهو يروي قصة كيف اصطادوا الحوت. خافت أمي لدرجة أنها أصرت عليه بالامتناع عن مثل هذه الأعمال البطولية.

تذكر أنه في وقت من الأوقات اعتقد أن الحوت سيأخذ المركب الشراعي معه. لقد كان مخلوقًا قويًا. خلق الله كل مخلوق لغرض ما. لذلك يجب ألا نزعج حياتهم ؛ اعتاد بابا أن يخبرنا دائمًا.

كان أبي شخصًا محبًا. كنت أعرف أنني المفضلة لديه. كان سيفعل كل ما أطلبه منه. كان يحب الأرض والحيوانات. أظهر حبه في جهوده. كانت مزرعته هي الأفضل في قريتنا. كانت الحيوانات التي ربّاها في مزرعه كثيرة-أحببت تلك الإبل والماعز والأبقار والأرانب والدجاج والببغاوات وبالطبع الغزلان.

كان بابا مربي نحل خبير أيضًا. أحضر عسل الحلو من مزرعة له. كنت أخشى الاقتراب من خلايا النحل في المزرعة. إذا غضب النحل، فسوف يلسعون. لكن بابا لم يكن خائفًا أبدًا من نحله. كان يعرف كيف يقترب من خلايا النحل. اعتاد أن يعطي قطعًا من قرص العسل ليأكلها. كانوا لطفاء للغاية.

هذا kweeking أخرجني صوت ... Kweek ... kweek من أحلامي. ها هو صديقي، الطاووس الفخور. أين كان حتى هذا الوقت ؟ كان يتجول حول هذه الجبال ويصعد على الأشجار في القرية. ولكن كلما جئت إلى هنا، كان يقترب مني. كان لدي دائما المكسرات بالنسبة له لتناول الطعام.

كان سيبقى معي حتى يحين وقت رحيلي. صديقي-دعوته نبيل. جلس على حضني، ينقر ببطء على المكسرات في يدي. كان عقلي لا يزال يتجول في قصص حسين وعباس. ما هي الأشياء الجديدة التي سيجلبونها هذه المرة ؟

كانت الشمس ستغرب. سيحل الظلام قريبًا. وضعت نبيل جانباً ونهضت. قلت وداعاً لصديقي وبدأت أسير على المنحدر.

كانت أمي تنتظر عودتي. كالعادة، كانت منزعجة مني لعدم مساعدتها في المطبخ. نظرت حولي بحثاً عن بابا. كان بابا سيدعمني إذا كان موجودًا.

لم أمانع في الطبخ. لكنني لم أكن مهتمًا بها كثيرًا. فشلت في جذب انتباهي. كان طبخ أمي رائعًا. ربما في يوم من الأيام سأكون قادرًا على الطهي مثلها.

ذهبت إلى المطبخ، بعد ماما. كانت هناك رائحة لطيفة قادمة من المطبخ. كانت قد أعدت بالفعل عشاء اليوم. كان صالون سماق وكوبوس. كانت رائحة الكوبوس الطازجة من الفرن دائمًا جيدة للشهية. على الرغم من أنني لم أحب قتل السمكة المسكينة من البحر، إلا أنني اضطررت إلى الاعتراف بأن صالون ماما ساماك كان لذيذًا جدًا.

استطعت أن أرى الكثير من الخضروات الخضراء على لوح المطبخ. وهذا يعني أن بابا قد عاد من مزرعة له. كان يجلب كل يوم الكثير من الخضروات الطازجة. كنت أحب تناول الصالون المصنوع من الخضرة من مزرعة بابا بدلاً من صالون ساماك.

كانت أمي غاضبة مني لعدم ارتدائي وشاحًا عندما خرجت. قالت إن الأطفال الجيدين سيحافظون دائمًا على شعرهم تحت الغطاء. لم يكن من المفترض أن أكشف شعري.

لقد سمعت هذا عدة مرات. لكنني أحببت أن أبقي شعري الطويل يتدفق في الهواء. عندما أركض، يفرش الشعر على خدي وهذا ما أحبه أكثر. كان مثل شراع السفن التي تتحرك مع الريح. تحرك شعري بإيقاع الركض.

جعل ثوبي الطويل من الصعب الركض. لذلك أبقيت الطرف السفلي من التنورة في يدي أثناء الركض. ولكن أمام ماما، سيكون أسفل بشكل صحيح. وإلا فإنها ستقول إن الفتيات الجيدات يجب أن يغطين أرجلهن دائمًا. قالت إن لدي سيقان جميلة لا ينبغي كشفها.

اعتادت أن تقول لا يجب أن أسير فوق الحجارة في الجبل ستفسد قدمي الجميلة. لكن كيف يمكنني مقابلة نبيل ورؤية بحري من أعلى الجبل إذا لم أسير فوق الحجارة! بالطبع، لم أكن أريد أن تفسد

قدمي أيضًا. كانت تساعدني كل يوم في تنظيف قدمي قبل الصلاة. مع رعايتها بقيت جميلة كما هو الحال دائما.

اهتمت بي أمي كثيرًا -ربما لأنني كنت الفتاة الوحيدة في العائلة. كل الآخرين كانوا صبية-حسين وأحمد وعباس وهيثم. كنت قد سمعتها تقول لأبي إنها تريد أن تنجب فتاة أخرى. لكنه لم يكن يريدها أن تكون متعبة. قال إن كامسا شيكو كانت أكثر من كافية. لا حاجة لواحد سادس.

لم يرغب أي من الأولاد في أن يكونوا مزارعين مثل بابا.
كان حسين مهتمًا دائمًا بالبحر وأصبح بحارًا. أراد أن يكون أحمد بحارًا أيضًا. لكن أحمد لم يكن مهتمًا. أراد أن يكسب المال بسهولة وكان يتداول الأشياء دائمًا. كم مرة باع أشياء جلبها حسين من رحلاته البحرية!

أراد عباس أن يكون مثل أخيه الأكبر -بحار. اعتاد حسين أن يروي له قصصًا عن البحر وجعله مفتونًا. حتى الآن أصبح عباس أيضًا بحارًا. كان يتدرب تحت قيادة حسين.

هيثم، أخي الصغير الصغير كان المفضل لدي للقتال معه.
كان يذهب مع بابا إلى مزرعته. كان بابا يحاول جاهداً الحفاظ على اهتمامه بالخضروات والحيوانات.

كم كنت سأقاتل معهم، أحبني جميع الإخوة الأربعة كثيرًا لأنني كنت الأخت الوحيدة لديهم.

بالنسبة لحسين كنت مثل اللؤلؤة التي اعتاد الحصول عليها من الساحل قبالة البحرين. لكن بالنسبة لأحمد كنت مثل البخور الذي كان يشتريه من التجار القادمين من جنوب بلادنا. عندما تحرق البخور، تنبعث منه رائحة جميلة.

أخذت الميرايا لأرى وجهي. المرآة كما يسمونها، كانت أعجوبة بالنسبة لي. لم يكن الأمر كذلك بالنسبة لي فحسب، بل أيضًا بالنسبة لجميع القرويين، عندما أحضره حسين في المرة الأولى.

.خلال رحلتهم إلى مسقط حصلوا على مرايا

عندما عادوا إلى المنزل، سألني حسين عما إذا كنت أرغب في رؤية سورة أجمل فتاة في العالم. شعرت بسعادة غامرة. ثم أمسك المرايا أمامي ورأيت فيها فتاة جميلة. اعتقدت أنها كانت حقا سورة شخص ما. لكنني كنت أعرف أنها تبدو مألوفة. كنت قد رأيت وجهي .من قبل عندما نظرت في الماء في البركة

!ثم من الخلف رأيت حسين أيضًا في سورة الفتاة. مفاجأة

شرح حسين ما كان عليه. أظهرت المرآة صورة الشخص .الذي ينظر إليها تمامًا مثل الماء في البركة

جنى أحمد الكثير من المال من بيع المرايا للقرويين. الآن .كان لكل منزل مرايا واحدة على الأقل

فاطمة، أين كنتِ ؟ تعال واستحم ." بدأت أمي. تأكدت من" أننا جميعًا نستحم مرتين في اليوم. خاصة قبل صلاة العشاء، كان .الاستحمام أمرًا لا بد منه. وكذلك كان قبل صلاة الفجر

بعد الاستحمام، شعرت بالانتعاش الشديد. كانت الصلاة .كالمعتاد، جنبا إلى جنب مع ماما

الآن حتى وقت العشاء، سأكون مع والدي. كان يروي .قصصًا من المزرعة-قصصًا عن العديد من الحيوانات والخضروات

31

أحمد بن ماجد - الأسطورة

كانت مرة أخرى على قمة جبلها المفضل.

ولكن لدهشتها، وجدت أشياء كثيرة مختلفة. بدأت تتساءل عما إذا كانت في المكان الصحيح أم لا. بدا هذا المكان مختلفًا تمامًا عن المكان المعتاد الذي اعتادت الذهاب إليه في المساء للنظر إلى البحر.

حتى بالأمس كانت هناك تجهد عينيها لمعرفة ما إذا كان يمكن رؤية مركب شقيقها هناك في البحر.

رأت عيناها بنية حجرية مستطيلة في أحد طرفي الجبل. بدا أن هذا الشخص على قيد الحياة. كان يدعوها إلى الاقتراب منه. لكن ساقيها كانتا ملتصقتين بالأرض بالخوف.

كان هناك شيء يسحبها نحو الهيكل. لكن عقلها كان ضد المضي قدمًا. كانت تفكر في المرات العديدة التي صعدت فيها إلى قمة هذا الجبل. لم يسبق لها أن رأت هذا الصندوق بالذات بالحجر الأحمر. يجب أن يكون هذا جبلًا مختلفًا. الآن عرفت الفرق- كان هناك الكثير من العشب الأخضر في كل مكان.

كيف كان هذا ممكنًا ؟ كان هذا المكان أرضًا قاحلة من الحجارة الحمراء. لم تكن هناك حياة على قمة هذا الجبل. كانت الأشياء الوحيدة المؤثرة هي الرياح ونبيل، صديقها الطاووس.

ولكن الآن، كان العشب يرقص في النسيم وكان الشيء المستطيل يسحبها نحوه. لماذا كان هذا يحدث لها ؟

. . ثم صوت يصم الآذان.. . شخص ما كان يناديها باسمها فاطمة! .

استيقظت فاطمة وهي تتعرق بغزارة. من كان يتصل بها ؟

استمعت إلى الأصوات القادمة من أمام المنزل. هزت رأسها للخروج من سباتها. الآن عادت إلى رشدها. كانت تعرف أنه مجرد حلم. كان الصوت الذي ينادي باسمها هو صوت حسين.

قفزت من سريرها وركضت إلى الحمام لتنتعش.

سرعان ما أصبحت في المجلس. شعرت بسعادة غامرة لرؤية إخوتها. كانوا قد عادوا من رحلتهم البحرية. لقد انتظرتهم طوال اليوم بالأمس والآن عادوا إلى المنزل.

ركضت نحو حسين الذي عانق تقبيلها على خديها. ثم عانقت عباس.

"من اللطيف رؤيتك مرة أخرى"! صرخت. "لقد كنت في انتظارك، أحسب كل يوم. لماذا تأخرت كثيراً هذه المرة ؟ كانت أمي قلقة حقًا."

"فاطمة، ماما تعرف بالفعل لماذا تأخرنا. لا يمكن التنبؤ بالرحلات البحرية. يمكن أن نتعثر في العديد من الأماكن لأسباب عديدة. لكن هذه المرة كان السبب مختلفًا. كنا محظوظين لمقابلة الأسطورة العمانية - أحمد بن ماجد الحقيقي، أسد البحار."

"حسين، من هذا الأسد ؟ لم أسمع به من قبل." أرادت فاطمة أن تعرف كل تفاصيل رحلة إخوتها.

"حسنًا، فاطمة حبيبي. سنخبرك بكل التفاصيل. لكن دعونا نتناول الإفطار أولاً. نحن نتطلع إلى طعام ماما بعد أيام عديدة من الطعام اللطيف في المركب الشراعي."

جميعهم توجهوا إلى المطبخ. رتبت والدتهما رباب الطعام على أرضية المطبخ، تم وضع الحصير حول صينية الطعام. كان علي، والدهم جالسًا بالفعل بالقرب من الطعام.

أثناء تناول الطعام، بدأ حسين يتحدث عن مغامرتهم.

من صحار ذهبوا مباشرة إلى البحرين. هذه المرة كانوا قادرين على شراء الكثير من اللؤلؤ بأسعار رخيصة جدا. سيكون أحمد قادرًا على الحصول على سعر جيد لهم عندما يذهب إلى مسقط في المرة القادمة.

حصل عباس على لؤلؤة خاصة، لؤلؤة كبيرة إلى حد ما لفاطمة. كان ذلك هدية لفاطمة لمهرجان العيد الذي كان يقترب بسرعة.

في طريق عودتهم من البحرين، سمعوا أن أحمد بن ماجد قد عاد من رحلته الأخيرة إلى ماليندي وكان متاحًا في جلفار. لذلك أبحروا بمركبهم الشراعي نحو جلفار. كانت هذه فرصة نادرة للقاء الأسطورة لأن أحمد كان في معظم الوقت في أعالي البحار.

أخيرًا، تمكنوا من مقابلة معبودهم، أحمد بن ماجد. لقد شعروا بسعادة غامرة لحصولهم على فرصة العمر هذه. تحدث أحمد إليهم عن رحلاته والكتب التي كتبها والتي من شأنها أن تساعد البحارة في العثور على الاتجاهات عندما يكونون في أعالي البحار.

تحدث أحمد بحماس شديد عن السفن التي جاءت من مكان بعيد عن بلد يدعى البرتغال. كانت هناك سفينتان جاءوا فيهما. ودمر ثالث أثناء إقامتهم بالقرب من ميناء ماليندي. كان الشعب البرتغالي يحاول إيجاد طريق إلى الهند لإنشاء خطوط تجارية جديدة. كان قائدهم رجلاً شجاعاً جداً يدعى فاسكو دا غاما.

نظرًا لأن عمان كانت تتاجر بالفعل مع الهند، خاصة مع ميناء كاليكوت الجنوبي الغربي، لم يرغب أحد في مناقشة الكثير مع هؤلاء الأجانب فيما يتعلق بالطريق البحري إلى الهند. كان العرب، الذين كانوا معروفين باسم المغاربة في هذه المنطقة، يكرهون التعامل مع البرتغاليين.

كان أحمد يمدح شعب ماليندي. كان الملك لطيفًا جدًا ورحب به وببحارته جيدًا. تلقوا الكثير من الهدايا من الملك وأراد عقد صفقات تجارية مع عمان.

سيذهب أحمد مرة أخرى إلى ماليندي بعد الحصول على إذن من حاكم عمان لمناقشة الروابط التجارية معهم. دعا حسين وعباس للانضمام إليه في الرحلة التالية.

كانوا سعداء جدًا بتلقي هذه الدعوة مباشرة من أحمد. ستكون تجربة غنية بالنسبة لهم للسفر مع الأسد العظيم.

بحلول بداية الشهر المقبل، سيغادر أحمد من جلفار. كانت سفينته تأتي إلى صحار لالتقاط حسين وعباس من أجل الرحلة. سيبحرون حول صلالة في الطرف الجنوبي من عمان. ستستغرق الرحلة ما يقرب من أربعة أشهر.

سمعت فاطمة كل هذا برهبة. لم تكن تعرف أبدًا عن أحمد بن ماجد أو عن هذا البلد ماليندي. لكنها سمعت الكثير عن هذا المكان الجميل المسمى كاليكوت. لقد ذهب العديد من التجار والبحارة العرب إلى كاليكوت وبقوا هناك، دون أن يكلفوا أنفسهم عناء العودة. ترددت شائعات بأن نساء كاليكوت جميلات لدرجة أن هؤلاء الناس تزوجوا واستقروا هناك.

ستشعر زوجة حسين، ندى، بالارتياح عندما تعلم أنه ذاهب إلى ماليندي وليس إلى كاليكوت. لم تستطع فاطمة أن تفهم كيف يمكن لهؤلاء النساء أن يكن أجمل من السيدات العمانيات. كانت ندى وراضية وبشرى جميلة جدًا وكانت مباريات جيدة لإخوتها الوسيمين.

لكن سراً، أرادت فاطمة دائماً الذهاب إلى كاليكوت، مرة واحدة على الأقل في حياتها لرؤية المدينة الجميلة والناس الطيبين. كانت تحلم بالتواجد في كاليكوت. كانت تعرف أنه حلم لن يحدث أبدًا. وتقليدًا، لم يُسمح للنساء أبدًا بالسفر في سفينة مع الرجال.

لم تدرك فاطمة أبدًا أنها ستثبت قريبًا أنها مخطئة تمامًا، كما سيقول القدر!

"وانفجرت... انفجرت العصا." كان عباس يتحدث عن أحمد وكان صوته ثاقب الأذن. أعاد ذلك فاطمة إلى الحاضر.

كان يشرح السلاح الجديد الذي كان بحوزة البرتغاليين في سفينتهم والذي قام أحمد بتفصيله لهم. كان لديهم مدافع كبيرة مثبتة على سفنهم. في أيديهم حملوا عصي معدنية طويلة والتي عند الضغط عليها تبصق النار. يمكن أن تقتل هذه النار شخصًا أو حيوانًا. على الرغم من أن أحمد حاول شراء واحدة من هذه ما كان يسمى بندقية، إلا أنهم رفضوا بيع أي منها.

قلد عباس صوت البندقية.

لم يعجبها هذا السلاح الذي يبصق النار ويمكن أن يقتل الناس. لم تحب أبدًا إيذاء أي شخص. لم يكن العنف جيدًا وكان والدها دائمًا يجعلهم يفهمون ذلك.

كان حسين يتابع حكاياته عن أحمد بن ماجد.

"أحمد بارع جدًا في الإبحار البحري. باستخدام الجهاز الذي أنشأه، يمكنه حساب الموقع الدقيق لسفينته. لقد كتب العديد من الكتب بالمعرفة التي لديه حول الإبحار في البحر. ويعتقد أن هذه الكتب ستساعد الأجيال القادمة على أن تصبح ماهرة في الإبحار البحري.

"سفينته ضخمة، مقارنة بمركبنا الشراعي. الصاري طويل جدًا والأشرعة قوية جدًا. لن تؤثر الرياح العاتية على سفينته. لكنه يقول إنه ما لم يكن القبطان ماهرًا وحذرًا، يمكن للرياح العاتية أن تقلب حتى مثل هذه السفن القوية."

تحدث رباب، الذي كان حتى ذلك الحين يقدم لهم الطعام بصمت، لأول مرة. "يا أطفال، إذا كانت المخاطر كثيرة جدًا، فلا أريدكم أن تذهبوا مع أحمد في هذه الرحلات الطويلة. أريد أن أراك دائما. كن راضيًا عن رحلاتك المحلية كما كنت تفعل دائمًا."

قام عباس، الذي كان المفضل لدى ماما، بمضايقة ماما على الفور. "لا تعتقدي أننا أطفال صغار يا أمي. ليس هناك متعة في القيام بهذه الرحلات الصغيرة في مركبنا الشراعي. يجب أن نسافر إلى العالم مع أشخاص مثل أحمد. العالم كبير جدا. هناك العديد من الأماكن التي لا نعرف عنها. على الأقل سنرى ونتعرف على بعض الأماكن الجديدة من خلال السفر مع أحمد."

كان بابا صامتًا حتى ذلك الحين. "رباب، لا تكن ضد رغباتهم ورغباتهم. لم يعودوا أطفالًا، بل رجالًا بالغين. يعرفون ما هو الأفضل لهم ويجب أن يكونوا قادرين على الاعتناء بأنفسهم. نصيحتي الوحيدة لك هي أنه يجب عليك التخطيط مسبقًا للرحلة وتوفير

ما يكفي من الطعام وتدابير السلامة عند السفر ." قال وهو يخاطب أبنائه بالسطر الأخير.

اتفق حسين وعباس مع علي. كانوا يعرفون أن والدهم كان دائمًا يقدم النصيحة الصحيحة وأنه يجب عليهم اتباع توجيهاته.

لكن البحر ظل لغزًا حتى بالنسبة لأفضل بحار. كان غضب الطبيعة لا يمكن التنبؤ به. انتهت العديد من الرحلات بشكل كارثي بسبب الغضب المشترك للطبيعة والبحر.

بدأ الأخوان نبهاني استعداداتهما للرحلة الطويلة. كانوا واثقين من الرحلة لأنهم سيكونون مع أحمد بن ماجد.

لكنهم لم يتمكنوا أبدًا من التنبؤ بما ينتظرهم، وهو شيء يتجاوز قوة البحار العظيم الذي كانوا يسافرون معه!

نحو المجهول

بعد أن خرج إخوتها من المنزل، تُركت فاطمة لنفسها. أرادت الجلوس مع إخوتها والاستماع إلى مغامراتهم. أرادت أن تسألهم عن كاليكوت. كانت تعرف أنهم لم يصلوا إلى هذا الحد من قبل. لكنهم كانوا سيسمعون عن مكان أحلامها هذا.

كانت أمي تتحدث معها عن الزواج. كانت في الثامنة عشرة من عمرها وبالنسبة لأمي كان هذا في وقت متأخر جدًا للزواج. لطالما أوقفت والدتها عن اقتراح العرسان المحتملين لها.

لم ترغب في الدخول في نفس الموقف مثل صديقتها هاجر. تزوجت هاجر من رجل وسيم من عائلتها في حفل كبير وكانت تعيش حياة جيدة للغاية مع زوجها. ولكن بعد ذلك، ذهب زوجها مع بحارة آخرين من مسقط إلى كاليكوت للقيام بأعمال تجارية. لعدة أشهر لم تكن هناك أخبار منه. في وقت لاحق عرفوا من الناس الذين عادوا من كاليكوت أنه تزوج امرأة محلية هناك. كان يعيش الآن في كاليكوت ولا يريد العودة.

لم ترغب فاطمة أبدًا في أن يكون لها مصير مماثل. أرادت أن تكون مستقلة. كان الذهاب إلى كاليكوت مرة واحدة على الأقل حلمها.

باندفاع، خرجت من المنزل وسارت نحو جبلها المفضل. كان بإمكانها أن تحلم بشكل أفضل بالجلوس على المنحدرات الوحيدة لجبلها بصحبة نبيل.

ثم تذكرت حلمها. كانت على قمة جبل مختلفة في حلمها الذي كان مغطى بالعشب الأخضر في كل مكان.

وماذا عن ذلك الهيكل الحجري الأحمر المستطيل ؟ جعلها التفكير في ذلك ترتجف. بطريقة ما، بدا أن هذا الصندوق كان ينبعث منه قوة استمرت في جذبها نحوه. بدا الحلم حقيقيًا تقريبًا.

نظرت حولها للتحقق مما إذا كانت هناك أي جبال ذات لون أخضر في الأعلى. لكنها لم تستطع رؤية أي شيء من هذا القبيل في المنطقة المجاورة.

كانت بالقرب من جبلها المفضل.

بدأت تتسلق. كان ذلك عندما شعرت بشيء يسحبها بعيدًا. كان رأسها يدور وأصبحت ساقيها ثقيلتين. فقدت موطئ قدمها وبدأت في الانزلاق.

كانت مرة أخرى على قمة الجبل حيث كان هناك الكثير من العشب. بدا هذا المكان مختلفًا تمامًا عن مطاردتها المعتادة. حيث بدت جميع الأماكن الأخرى في هذه المنطقة مهجورة وقاحلة، كان هذا الجبل حيويًا للغاية مع كل العشب الطويل المتمايل في النسيم.

كان ذلك الصندوق المستطيل من الحجر الأحمر يوجهها نحوه مرة أخرى. كان الأمر كما لو كان هناك شخص ما داخل الصندوق يريد التحدث إليها. تقدمت للأمام. أرادت أن ترى من كان في الداخل.

وصلت بالقرب من الصندوق. ثم انزلقت. نزلت على جانب الجبل. نزولاً وهبوطاً انزلقت.

شعرت بأيدي دافئة تمسك بها. تم إنزالها برفق إلى الأرض. حاولت فتح عينيها لمعرفة من ساعدها.

كان بإمكانها رؤية وجه هاغارد. غريب كلياً! قبل أن تتمكن من رؤية الوجه بوضوح، أغلقت عيناها نفسيهما من تلقاء نفسيهما.

شخص ما كان يهزها.

"فاطمة، انهضي! ماذا حدث لك ؟ لماذا تستلقي هنا على الأرض ؟"

نهضت مع بداية. ماذا حدث لها ؟ تذكرت الاقتراب من الصندوق المستطيل. ولكن بعد ذلك . . . ؟

كان هيثم يقف بجانبها. أظهر وجهه أنه كان خائفًا من حدوث شيء سيء لأخته.

"لا يوجد شيء يدعو للقلق، هيثم. كنت أحاول تسلق الجبل وانزلقت. أعتقد أنني فقدت الوعي لبضع دقائق. من الجيد أنك أتيت."

"كانت أمي قلقة للغاية. كانت تبحث عنك. لقد أرسلتني للعثور عليك."

مشيا عائدين إلى المنزل معًا. كانت تعشق شقيقها الأصغر. لقد كان صبيًا بريئًا ووسيمًا. كما أحبها كثيرًا لدرجة أن فاطمة طلبت منه أن يطيعها دون أي ضجة.

"هيثم، هل فكرت في الذهاب إلى كاليكوت ؟"

"ما الذي تثرثر بشأنه ؟ حتى حسين وعباس لم يتحدثا أبدًا عن الابتعاد عن قريتنا. فكيف يمكنني حتى التفكير في الذهاب إلى هناك. على أي حال، أنا لست مهتمًا بمغادرة منزلنا وأمي وأبي وجميع أصدقائي."

"أردت فقط معرفة المزيد عن هذا المكان. هل تعرف أي شخص يمكنه إخبارنا عن ذلك ؟"

"ربما كان أحمد سيعرف. كان يلتقي بالعديد من الأشخاص من كاليكوت الذين يأتون إلى مسقط للتداول. يجب أن يعرف عن ذلك المكان. يقولون إنه بعيد جدًا عن صحار."

انشغلت فاطمة بأفكارها عن كاليكوت لدرجة أنها كانت لا تزال في حالة ذهول عندما وصلوا إلى المنزل.

عاد أحمد من رحلته إلى مسقط. في كل مرة كان يحضر شيئًا للعائلة. تجمع جميع الصغار ـ أطفال حسين وأحمد وعباس حول أحمد. كان يوزع الحلويات على الجميع.

بدا الحلو مشابهاً للطبق الحلو العماني. لكن هذا كان أسود اللون. أخبرهم أحمد أن الحلوى كانت من صديق ذهب إلى كاليكوت يسمونه الحلاوة الطحينية. يتناغم الاسم مع هالواي باللغة العربية. بعد كل شيء، الحلو هو دائما حلو بغض النظر عما تسميه.

كانت فاطمة أكثر اهتمامًا بالتحدث إلى أحمد عن كاليكوت بدلاً من تناول الحلويات.

عندما تفرق الأطفال للعب في الخارج، حصلت على فرصتها للتحدث إلى أحمد. "ذهب صديقك إلى كاليكوت لإحضار هذا الحلو ؟"

كان قد مد ساقيه وكان يسترخي. "نعم. يزور عبد النبي كاليكوت مرة كل ستة أشهر. يرافق أعمامه. لماذا تسأل ؟"

"سمعت أن هذا المكان، كاليكوت، جميل جدًا. هناك العديد من الأشياء المتاحة هناك والتي لم نرها حتى. هل هذا صحيح ؟"

"لا أعرف الكثير عن كاليكوت، لكن عبد النبي يقول إنها واحدة من أفضل الأماكن التي رآها. يسافر كثيرًا في سفينتهم. لا يمكننا الذهاب بعيدًا في مركب حسين. مطلوب سفينة أكبر للسفر وتغطية مثل هذه المسافة الطويلة."

"لكن لماذا لا تخطط أيضًا لزيارة كاليكوت، مرة واحدة على الأقل ؟ وهل يمكنني أن آتي معك أيضًا ؟"

"لا، فاطمة. ليس من المفترض أن تسافر الفتيات بالقوارب أو السفن. مكانهم في المنزل، خاصة في المطبخ."

"حسناً، أوافقك الرأي. لكن لماذا لا تذهبين ؟ ثم يمكنك أن تخبرنا كل شيء عن كاليكوت."

"سأفعل، يومًا ما. ولكن للسفر بالسفينة، سأحتاج إلى المزيد من المال لدفع مالك السفينة مقابل اصطحابي على متنها. ليس بهذه السهولة."

ثم دخلت راضية إلى الغرفة. كانت قد سمعتهم يتحدثون عن كاليكوت. "هل تخطط للذهاب إلى كاليكوت ؟ لن أسمح لك بالذهاب ." يا أحمد. من الأفضل أن تكون هنا معي ومع أطفالنا

أنا لا أخطط لأي شيء من هذا القبيل. بالنسبة لي، أنت" تأتي أولاً. لا كاليكوت بالنسبة لي ." حاول أحمد تهدئتها.

.عرفت فاطمة أنه لن يكون هناك أي فائدة في التسكع أكثر مع وجود راضية، لم يكن أحمد سيتحدث أكثر عن كاليكوت.

.خرجت. كان الأطفال يلعبون في الرمال

رصدت بابا عن بعد. كان عائداً من المزرعة. لن يعود إلا بعد الغداء والقيلولة.

.ربما يجب أن تذهب مع بابا عندما يذهب إلى المزرعة وهذا من شأنه أن يعطيها الوقت للتفكير في حلمها. جعلها التأمل في ذلك تدرك أنها لم تفهم بعد معنى الحلم الذي كانت تراه في تسلق هذا الجبل بالذات مع المساحات الخضراء في الأعلى.

لاحظت في ذهنها أن تسأل بابا عما إذا كان يعرف مثل هذا المكان، المكان من أحلامها. كانت ترى العديد من الأحلام. لم تكن متأكدة مما هو حقيقي وما هو غير ذلك.

لم تدرك فاطمة، بكل براءتها، مدى تشابك طموحاتها مع الأحلام التي كانت تلاحقها.

42

الغريب من البحر

سحب نفسه إلى الشاطئ. كان منهكًا جدًا من السباحة لدرجة أنه استلقى هناك على الرمال، وأغمض عينيه، وغافلاً عما كان يحدث من حوله.

لا بد أنه نام لساعات على الشاطئ. كان الجو مظلمًا عندما وصل إلى هناك. ولكن الآن عندما فتح عينيه، استطاع أن يرى أن الشمس كانت تشرق.

نظر حوله ليفهم أين وصل. من مسافة بعيدة، كان بإمكانه رؤية عدد قليل من الأشكال البشرية تسير في اتجاهه العام. يمكن أن يكونوا صيادين محليين. لكنه لم يكن يعرف ما إذا كانوا سيكونون أصدقاء أم لا. لم يفهموا لهجته ولم يعرفوا بأي لغة يتحدثون. لذلك قرر أن يختبئ منهم.

أبعد قليلاً، كان بإمكانه رؤية صف من القوارب. قد يكون الرجال قادمين نحو هذه القوارب. كان عليه أن ينتقل من ذلك المكان. على بعد خطوات قليلة، رصد قاربًا واحدًا مكسورًا جزئيًا. سيكون ذلك مكانًا مثاليًا للاختباء، وإن كان مؤقتًا.

أمضى ساعة أخرى أو نحو ذلك داخل القارب. في هذه الأثناء، سمع أصوات ضحك الصيادين وهم يدفعون قواربهم في الماء ويجدفون في أعماق البحر. سرعان ما هدأ الضجيج وبدا الشاطئ مهجورًا.

خرج من مخبئه وبدأ يبتعد عن البحر. على بعد مسافة قصيرة، كان بإمكانه رؤية مبنى مستطيل ضخم يشبه الحصن. ربما كان رئيس هذه المنطقة يقيم هناك. كان لا بد من وجود حراس أمن في كل مكان. كان من الأفضل عدم رصده من قبل أي منهم.

استمر في السير نحو القرية التي يمكنه رؤيتها عن بعد، نحو يمين الحصن. لتجنب اكتشافه من قبل السكان المحليين، اضطر

إلى تغيير ملابسه. كانت أفضل طريقة هي سرقة فستان لأحد القرويين.

إذا تم القبض عليه، فستكون اللغة مشكلة. لم يكن يعرف اللغة المحلية. ربما، يمكنه أن يتصرف كشخص أصم وبكم حتى يتمكن من ضمان أن يكون السكان المحليون ودودين.

في غضون نصف ساعة أخرى، تحول إلى شكل محلي. كان قد التقط خميسًا أو قميصًا فضفاضًا ومشهدًا ملونًا، قطعة قماش طويلة لربطها حول الخصر، من ملابس مختلفة كانت معلقة خارج منزل في العراء لتجف.

فكر في الوجبة الأخيرة التي تناولها داخل السفينة. على الرغم من أن أحداً لم يره، إلا أنه تمكن من تناول الطعام بشكل جيد منذ أن تم تخزينه داخل مخزن السفينة.

جعله التفكير في الوجبة جائعًا، ولم يكن هناك خيار سوى البقاء جائعًا حتى يتمكن من مقابلة بعض السامريين الطيبين.

وأشار إلى أنه نحو يساره كانت هناك سلسلة متواصلة من الجبال. على الرغم من أنها لم تكن طويلة بشكل استثنائي، إلا أنها كانت قاحلة ومرقطة بنباتات صغيرة هنا وهناك. كانت الجبال مصنوعة أساسًا من الأحجار الحمراء.

تقع القرى نحو يمينه، تتخللها المزارع. ابتعد عن القرى وسار على طول قاعدة الجبل. كان عليه تجنب الكشف تمامًا.

اندهش من صوت انزلاق. كان بإمكانه أن يرى أمامه، على جانب أحد الجبال، شكلًا بشريًا يتدحرج لأسفل. بدت وكأنها فتاة.

هرع إلى الأمام وكان في الوقت المناسب للقبض على الفتاة بين ذراعيه قبل أن تهبط على الحجارة أدناه. أنزلها على الأرض لثانية واحدة فقط، فتحت عينيها وحدقت فيه، كما لو كانت تحفظ وجهه ثم أغلقت، دون رغبة تقريبًا. بدت وكأنها أغمي عليها.

راقب الفتاة اللاواعية أمامه. كانت جميلة جدا مع أنف أنيق طويل وعيون بنية مبهرة. كان لديها شعر أسود طويل كثيف. جعلها خدودها الوردية وفمها الرقيق أكثر جاذبية. كان جسدها نحيفًا وأرجلها طويلة. تساءل من يمكن أن يكون هذا الكائن الجميل.

وقف هناك لعدة دقائق، مستمتعًا بجمال الفتاة الممددة أمامه

ثم سمع صوتًا بعيدًا، قادمًا من اتجاه القرية. كان هناك شخص قادم، ربما يبحث عن هذه الفتاة.

لا ينبغي أن يراه أحد. انتقل من هناك. لم ينظر إلى الوراء. ولكن قبل مغادرته، سمع اسم فاطمة.

من أمان شجرة كبيرة فهم لاحقًا أنها شجرة نخيل، شاهد صبيًا صغيرًا يسحب فاطمة ويمشي نحو القرية.

مع وجه فاطمة الجميل المحفور في ذهنه، مشى إلى الأمام. كان عليه أن يصل إلى مكان آمن حيث لا يُنظر إليه على أنه أجنبي. كانت الفتاة والصبي من بشرة ناعمة للغاية. جسده المدبوغ سيعطيه بالتأكيد إذا ذهب إلى قريتهم.

وافترض أن سكان هذه المنطقة سيكونون من ذوي البشرة الفاتحة. يجب أن ينتقل إلى الداخل، ربما تكون بعض القرى على قمة الجبال موطنًا لأشخاص من أصل مختلف. لم يكن لديه خيار سوى المخاطرة بحظه.

أبطأه جوعه. لكنه استطاع أن يروي عطشه بالماء من تيار يتدفق على جانب الجبل، نحو البحر. على الرغم من أن مستوى الماء كان منخفضًا، إلا أنه كان واضحًا ومذاقه حلوًا.

كان متعبًا، لكن عقله كان يركز على كيفية النجاة من هذه المحنة. لقد هرب من مواقف أسوأ من هذه. ساعده الماء على تبريد جسده الذي كان سيحترق تحت أشعة الشمس الحارقة.

بدا المكان وكأنه واحة. كان هناك العديد من الأشجار والشجيرات في كل مكان. في وقت لاحق، أثناء إقامته في هذه المنطقة، كان يعرف هذه الأشجار على أنها النخيل والنيم والمانجو والتمر الهندي.

انتقل إلى أبعد من ذلك، صادف قصرًا آخر. كان هذا الحصن أطول من الحصن الذي رآه بالقرب من شاطئ البحر. كان ارتفاعه ثلاثة طوابق تقريبًا. كانت مربعة. كان هناك برجان على جانبي الحصن. ربما كانت هذه محطات مراقبة.

كان بإمكانه عمل ثقوب في الجزء العلوي من البرج. في الوطن، كان من الممكن أن تحمل هذه المدافع لمهاجمة الدخلاء. ولكن هنا، في هذا المكان النائي، لن يكون لديهم التكنولوجيا لبناء المدافع أو لهذه المسألة، البنادق.

كان عليه توخي الحذر والابتعاد عن هذا الحصن. لم يستطع رؤية أي شخص حول الحصن. ربما كان هناك أشخاص في الداخل يبحثون عن غرباء يقتربون من الحصن. كان قد سمع عن أشخاص يصبون الماء المغلي من الأعلى لحماية الحصون.

بمجرد أن يكون على دراية بالسكان المحليين، ربما كان يزور هذا الحصن ويكوّن صداقات مع السكان.

كان أحد القرويين لا يزال في ذهنه. لو لم يكن هاربًا في هذا البلد، لكان قد عاد لإنقاذ تلك الفتاة من سقوطها.

كاد يحل الليل عندما سمع صوت الناس يتحدثون. كان بإمكانه معرفة أن الأصوات جاءت من الجانب الآخر من التل الذي كان بإمكانه رؤيته على الجانب الأيمن، بعيدًا عن الجبال الكبيرة. كان عليه أن يتسلق التل ليرى من هم هؤلاء الناس. إذا كان محظوظًا، فقد يكون هؤلاء أشخاصًا ودودين ويمكنه الحصول على مكان للراحة.

مع أرجل مرهقة، تسلق التل. من أعلى التل يمكنه الحصول على منظر واضح للقرية. جلس القرفصاء بجانب بعض النباتات البرية.

حدق في القرية في محاولة لالتقاط أشكال من البشر. لكنه لم يستطع التركيز. شعر أن بطنه يتمايل كما لو أن الماء الذي شربه كان يتبخر.

كان رأسه يدور وكان لديه شعور بأنه يفقد وعيه. آخر شيء عرفه هو أنه كان يسقط إلى الأمام.

استمر في التدحرج مثل الكرة أسفل التل. بينما كان يفقد وعيه، ظهر وجه جميل أمام عينيه. كان بإمكانه رؤية هذا الشعر الطويل واعتقد أنه يمكنه الحصول على قبضته على الشعر لمنع نفسه من السقوط.

لكن لا شيء يمكن أن يساعده. كانت يداه تمسكان بالهواء الفارغ. سقط وهو يتدحرج.

تلاشى الوجه واتخذ السواد المطلق مكانه.

في الطريق إلى ماليندي

شعر حسين وعباس بسعادة غامرة. أخيرًا، سيسافرون مع "أسطورة"أسد البحار.

بالنسبة لأي بحار عماني، كان اسم أحمد بن ماجد مصدر إلهام. حقيقة أنهم تمكنوا من مقابلة أحمد خلقت إحساسًا بالإنجاز العظيم في نفوسهم. علاوة على ذلك، كانوا سيسافرون معه الآن.

كانوا يسافرون لمسافة قصيرة في مركبهم الشراعي. كان الإبحار إلى الأماكن القريبة سهلاً وعادة لا تستغرق هذه الرحلات أكثر من أسبوع إلى عشرة أيام على الأكثر. كانوا بارعين في التحضير لمثل هذه الرحلات القصيرة.

لكن هذه المرة كانت الرحلة إلى ماليندي، وهذا سيستغرق وقتًا طويلاً. قد يستغرق الأمر ما يقرب من أربعة أشهر وكان عليهم أن يكونوا مستعدين للإقامة الطويلة بعيدًا عن منزلهم.

على الرغم من أنهم كانوا يعرفون أن سفينة أحمد ستكون مجهزة بالكامل بالسلع اللازمة للرحلة الطويلة، إلا أنهم شعروا بمسؤوليتهم عن أخذ بعض المواد الغذائية على متنها مثل اللحوم والحبوب والفواكه والخضروات لاستخدامها. في حالة وجود مطبخ مشترك، يمكنهم مشاركة هذه الأشياء مع الطباخ.

ساعدهم والدهم علي في جمع ما يكفي من الفواكه والخضروات من مزرعته. قاموا بتعبئتها داخل أوعية نحاسية كبيرة مملوءة بالملح. يتمتع الملح الناتج عن تبخير مياه البحر المحاصرة داخل البحيرات الضحلة الكبيرة بالجودة السحرية المتمثلة في منع المواد الغذائية من التلف. استخدم الصيادون نفس الأسلوب للحفاظ على أسماكهم من التعفن.

ترك الأسرة لمدة أربعة أشهر كان محنة بالنسبة لهم. خلال الإقامات القصيرة في الخارج، لم يشعروا بالحنين إلى الوطن. ولكن

عندما تكون الإقامة طويلة جدًا، فمن الطبيعي أن يفتقدوا أطفالهم وزوجاتهم. ومع ذلك، يجب أن تكون هناك سابقة لكل شيء. هذا هو حلم حياتهم، وافق الجميع على سفرهم.

وصل اليوم العظيم ورست سفينة أحمد بن ماجد بالقرب من ميناء صحار. تلقى حسين معلومات حول التاريخ الذي سيصل فيه أحمد. كانوا على استعداد للسفر بحلول ذلك الوقت.

وصلوا إلى ميناء صحار في عربات يقودها الثيران التي تحمل جميع البضائع المعبأة معهم.

كان هناك حشد كبير تجمع في الميناء للتخلص من بحارة لواء المحظوظين. كانوا حريصين على إلقاء نظرة على أسطورة البحر أيضًا.

كما لو كان يقرأ أفكار السكان المحليين، جاء أحمد إلى الشاطئ في قارب صغير. رحب به الحشد بفرح كبير.

كان الخطاب الذي ألقاه أحمد بن ماجد في ذلك اليوم، وهو يقف على شاطئ صحار، محفورًا في أذهان السكان المحليين لفترة طويلة.

"زملائي الأعزاء العمانيين، يسعدني جدًا أن أخبركم أنني فخور جدًا بكوني عمانيًا. أينما سافرت، فإن اسم عمان يحظى بشعبية والأجانب يبقون بلدنا في تبجيل كبير.

"كما تعلمون، لدينا علاقة جيدة مع الهند، ونقوم بالكثير من التجارة معهم. نحن نتاجر مع السومريين والآشوريين. كل هؤلاء الناس يتطلعون إلى استلام سفن نحاس التي صنعناها. يُعرف هذا المعدن باسم نحاس بالنحاس خارج بلدنا.

"خلال رحلتي الأخيرة، أتيحت لي الفرصة للقاء البرتغاليين من الجانب الغربي من عالمنا. كانوا يبحثون عن الطريق البحري إلى الهند. ساعدهم ملك ماليندي من خلال تقديم خدمة بعض المرشدين المحليين الذين يعتبرون من مكان ما في الهند.

"لقد حاولت إقناعهم بزيارة عمان والقيام بالتجارة معنا. يمكنني أن أفهم أن بلدهم والدول المجاورة الأخرى مثل إسبانيا وبريتانيا وإيطاليا وهولندا تحاول الوصول إلى الشرق. يمكننا أيضًا تعلم العديد من الأشياء الجديدة إذا تمكنا من إحضارها إلى هنا.

"الآن أنا في طريقي مرة أخرى إلى ماليندي، لمعرفة المزيد عن هؤلاء الغربيين. ملك ماليندي لطيف جدا ومفيد.

"أنا سعيد لرؤيتكم جميعًا. هذه المرة، آخذ معي هؤلاء" البحارة الشجعان من ليوا حتى يتمكنوا أيضًا من السفر بعيدًا.

"مع كل أطيب التمنيات لمواطني، وتحياتي لحاكمنا العظيم، سنبدأ الآن رحلتنا إلى ماليندي."

شعر الناس بالنشوة وهم يسمعون أحمد العظيم يتحدث. وفي الوقت نفسه، قام حسين وعباس بتحميل بضائعهما على متن القارب الذي أحضره أحمد. صعدوا أيضًا وأبحر القارب نحو السفينة، راسيًا بعيدًا قليلاً عن الشاطئ.

وهم يلوحون بأيديهم بحماس، ويودعون أسرهم.

كانت هناك سلالم حبلية معلقة من جانب السفينة. امتد القارب بجانب السلم وصعد البحارة واحدًا تلو الآخر إلى السفينة.

كُتب اسم السفينة باللغة العربية على جانب السفينة. أسيت مال بحر-أسد البحر. اختار أحمد اسمًا رائعًا لسفينته، والآن أطلق عليه مجتمع الإبحار نفس الاسم.

كقبطان حقيقي، كان أحمد آخر من غادر القارب. وبمجرد صعوده، سحبت يداه القارب وربطته بجانب السفينة.

تم تزيين حسين وعباس بحجم السفينة. وبالمقارنة مع مركبهم الشراعي، بدا هذا وكأنه أرض مزرعة والدهم. كان لديها أشرعة كبيرة جدًا. سرعان ما فتحوا الشراع، مما يدل على بداية رحلتهم.

أطلق صوت بوق. بدأت السفينة حركتها إلى الأمام. كان حسين وعباس ضيفين خاصين للقبطان. أخذهم أحمد حول السفينة.

كان الأمر أشبه بقرية كبيرة. كانت تحتوي على جميع وسائل الراحة التي تتباهى بها القرية. طلب أحمد من زملائه الرجال تولي مسؤولية الطعام الذي أحضره حسين وعباس.

"أصدقائي، لقد كان من الرائع جدًا منكم أن تحضروا الكثير من المأكولات معكم. سنحتفظ بها في متجرنا في الطابق أدناه. لقد قمنا بتخزين السفينة باحتياجات أكثر من أربعة أشهر ."

كان حسين فضوليًا لمعرفة الطريق. "سيدي، ما هو الطريق الذي سنسلكه نحو ماليندي ؟"

"سنسافر شرقًا لمرور مسقط، ثم جنوبًا، متجهين نحو صلالة. من هناك علينا أن ننتقل إلى الجنوب الغربي للوصول إلى سواحل أفريقيا ."

"ماذا عن كاليكوت ؟ هل سنقترب من هذا المكان ؟" كان لدى عباس حلم فاطمة في ذهنه وكان مصمماً على معرفة المزيد عن هذا المكان من أحمد خلال هذه الرحلة.

"لا، عباس. تقع كاليكوت إلى الشرق. سنسافر بعيدًا عن سواحل الهند ونتمسك بالمياه العمانية. على الرغم من أن الرياح الموسمية قد هدأت، إلا أن هناك دائمًا فرصة لتكرار المنخفضات المتبقية في البحر إذا اقتربنا من الهند. من أجل سلامتنا، سنبتعد عن الهند خلال هذه الرحلة ."

"هل سافرت إلى كاليكوت، أحمد ؟" أصر عباس بفضوله.

"نعم. لقد سافرت إلى كاليكوت. هذا مكان رائع. أفضل وقت هو السفر خلال الأشهر الأربعة الأولى من العام. هذه هي فترة الهدوء لبحر العرب وتجعل الرحلة آمنة. ربما في العام المقبل يمكننا القيام برحلة معًا ."

بعد توقف استمر أحمد. "يجب أن تكون مستعدًا تمامًا لرحلة إلى كاليكوت. هناك الكثير ليتم تداوله. يمكنك أخذ العديد من الأشياء ذات الأصل العماني لمقايضة التوابل والموسلين من كاليكوت. شعب كاليكوت ودود للغاية والحاكم زامورين خيري ."

شعر عباس بسعادة غامرة بهذا الاقتراح من أحمد. أومأ برأسه بعناية.

كان حسين أكثر اهتمامًا بفهم ضوابط السفينة. بدأ في موضوع الإبحار في السفينة. كان هذا هو الموضوع المفضل لأحمد واستمر في الحديث عنه. أخذهم أحمد إلى المؤخرة حيث كان الثاني في القيادة، حامد، على عجلة القيادة.

أخبرهم أحمد عن الكتاب الذي كتبه عن طرق العثور على الاتجاهات عندما يكون في البحر. لقد أجرى الكثير من التجارب بطرق مختلفة لحساب الاتجاه بمساعدة الأدوات البسيطة التي اخترعها.

كان مكرسًا لعمله ويعتقد أنه من واجبه جعل حياة البحارة سهلة. يجب أن يفهم البحار مخاطر البحر ليتعلم كيفية النجاة من هذه المخاطر. لذلك وصف أحمد في كتابه المخاطر المختلفة الكامنة في أعماق وظلام أعالي البحار ووضع قائمة مرجعية بالأشياء التي يجب القيام بها قبل بدء الرحلة.

هل أكملت الكتاب ؟" كان حسين، كالعادة، فضوليًا. كان" ينوي الحصول على نسخة من الكتاب إذا كان متاحًا.

،لقد أوشكت على الانتهاء." صرح أحمد بفخر. "في البلدان الغربية" لديهم طريقة لطباعة الحروف. لقد كتبت الكتاب بلغتنا. ولكي يقرأها العالم، يجب ترجمتها إلى لغات البلدان المختلفة. أحاول معرفة كيف يمكننا طباعته باللغة العربية أولاً ثم جعل الأشخاص الأذكياء يترجمون الكتاب بأكمله إلى لغات مختلفة ."

ثم سمعوا صوت البوق. كان حسين وعباس في حيرة من أمرهما. كانوا يسمعون هذا النوع من الآلات لأول مرة. أوضح لهم

أحمد أن نداء البوق كان للإعلان عن أن العشاء جاهز ويجب على الجميع التجمع في قاعة الطعام.

تم تأديب جميع بحارة طاقم أحمد واتبعوا أوامر قبطانهم حرفياً.

توجهوا إلى قاعة الطعام.

الحياة في مناجم النحاس

كان ناصر حمدان الشيدي يعمل رئيس عمال في المناجم. لقد كان هناك لفترة طويلة جدًا. كانت الجبال والوديان والسماء أعلاه مملكته.

حفروا الخام من الجبال وأحضروه إلى الحفر حيث تم تسخينه وتحميصه. كان والده قد علمه تقنية استخراج النحاس من الأرض. لقد تعلم والده ذلك من والده وهو، من والده وما إلى ذلك. لقد حافظوا على تقاليد تعدين النحاس لسنوات.

أحب ناصر الغريب الذي انضم إليهم مؤخرًا. وجده ملقى فاقداً للوعي عند سفح التل واتصل بأصدقائه لمساعدته على أخذ الروح المسكينة إلى كوخه في المنجم. كان الغريب منهكًا من الجوع والحرارة.

مع الرعاية والتمريض المناسبين، أصبح الغريب قويًا بما يكفي للعمل في المناجم. لكنه لم يكن يتذكر من هو أو من أين جاء. لم يكن يعرف اسمه. كان يتحدث لغة غريبة أيضًا، والتي لم تكن مألوفة لدى الناس في المناجم.

لذلك أطلق عليه ناصر اسم عبد الله، وهو اسم شائع جدًا في منطقتهم. تعلم عبد الله العمل في المناجم بسرعة كبيرة وبدأ في تعلم اللغة العربية أيضًا. سرعان ما أصبح عبد الله الشخص الأكثر شعبية في المناجم. أراد الجميع عبد الله في كل شيء ولم يكن مترددًا أبدًا في مساعدة أي شخص.

كان العمل في المناجم مملاً للغاية. كان الأشخاص الذين كانوا يعملون هناك قد طوروا بشرة داكنة بسبب الحرارة والأوساخ من الخامات. خلال وقت العمل، لم تكن هناك ملاجئ لإبعادهم عن حرارة الشمس الحارقة. كانت المناجم المفتوحة تعمل منذ زمن سحيق.

كان ناصر فخورًا بكونه جزءًا من فريق التعدين الذي جلب القيمة إلى البلاد. كانت الأوعية المصنوعة من المعدن المسمى النحاس

مطلوبة بشكل كبير خارج قريتهم. كان يعلم أن هذه المواد تم نقلها إلى مسقط بواسطة عربات الثيران أو الخيول ومن هناك، خارج عمان بواسطة السفن الكبيرة.

كان أبناء صديقه علي عباس يسافرون بمركبهم الشراعي. اعتادوا أيضًا شراء هذه السفن منه وتداولها في الأماكن التي ذهبوا إليها.

كان علي عباس شخصًا لطيفًا يزودهم بالخضروات والفواكه وأحيانًا العسل. لطالما أعطاهم أفضل محاصيله. على مدار العام كان لديه إمدادات لعمال المناجم.

كان يحب عامله الجديد عبد الله كثيراً. لم يكن لدى هذا الرجل أي مشاكل فيما يتعلق بالعمل في أي مكان في المناجم وكان مستعدًا للقيام بأي واجب مكلف به.

لطالما شعر ناصر بوجود شيء غريب في عبد الله. لكنه لم يستطع الحصول على أي إجابة لأن عبد الله لم يستطع التحدث باللغة العربية، أو كما لو أنه نسي كل ماضيه، بما في ذلك معرفته بلغته الأم.

لكن عبد الله كان ذكياً. سرعان ما بدأ في التقاط الكلمات باللغة العربية وتحويلها إلى جمل. اعتقدوا جميعًا أنه من قرية أخرى قريبة وسرعان ما سيتذكرون ذكراه عن عائلته. أثبتت الطريقة التي تعلم بها اللغة العربية بسرعة أن اعتقادهم صحيح.

على الرغم من أن عبد الله بدأ بالتفاعل تدريجيًا باللغة العربية، إلا أنه لم يستطع أبدًا التحدث عن حياته الماضية. عندما سأله شخص ما عن عائلته، هز رأسه للأسف.

مرت الأيام ببطء وظلام بالنسبة لعبد الله. كان عقله مليئًا بالوجه الذي رآه بالقرب من الجبل. كان قلبه يتوق إلى صحبة صاحب ذلك الوجه. في كثير من الأحيان، أراد الهرب من المنجم بحثًا عن فتاة أحلامه. لكنه منع نفسه من مثل هذا العمل خشية أن ينقلب ضده أصدقاؤه في المناجم. انتظر وصول فرصة مناسبة. كان يعتقد أنه إذا

كان القدر يمكن أن يجعله يرى الوجه الجميل على بعد مئات الأميال من بلده، فإن المصير نفسه سيسمح له برؤيتها مرة أخرى.

انتظر وصول اليوم العزيز.

امتدت الجبال لما يقرب من ثلاثة أميال في الاتجاه الشرقي الغربي. كان خام النحاس وفيرًا في هذه المناطق. لكن كان عليهم أن يحفروا في أعماقهم للحصول على خام جيد.

شكل عمال المناجم أدواتهم الخاصة لحفر الأرض لحفر خام النحاس. تم إخراج الخام من الحفر في دلاء تم سحبها بواسطة الحبال على البكرات. كانت مملوءة بدلاء أكبر حملها العمال إلى حفر التحميص.

عمل العمال طوال اليوم للحصول على أقصى قدر من الخام من الحفر. تم تكليف طواقم مختلفة بمهمة تحميص الخام وفصل النحاس عن التربة المحفورة.

عمل طاقم آخر على صهر النحاس وصب المعدن المنصهر في قوالب ذات تصميمات مختلفة لصنع البهلوانات والأواني.

عمل عبد الله مع جميع الأقسام في المناجم. أراد أن يتعلم كل ما في وسعه من هذا المكان. صمم أشكالًا مختلفة من القوالب وجذبت هذه العناصر الجديدة الجميع على حد سواء.

في وقت لاحق، أخبره ناصر أن الأشكال الجديدة لها سوق أفضل مع عملائها خارج القرية.

كان عبد الله يحاول دائمًا مساعدة الرجال على الحصول على عائد أفضل من المعدن بجهد أقل. الطريقة الجديدة التي طورها جعلته أكثر شعبية بين عمال المناجم. كان قد صنع حفرة عميقة في قاع أحد التلال حيث كان الخام بكثرة. يقع هذا التل بعيدًا قليلاً عن منطقة العمل العادية للطاقم. اختار هذا التل لسببين-كان بعيدًا عن حفر التحميص وكان لهذا التل مسحة خضراء أكثر زرقة على السطح.

أدخل الفحم في الحفرة السفلية وأشعل النار. نحو قمة التل حفر المزيد من الثقوب على فترات منتظمة على جانبي الشبكة المركزية. امتدت هذه الثقوب حتى العمود المركزي للتلة فوق الشبكة تسببت الحرارة الشديدة في ذوبان الخام في الداخل وهروب الدخان من الثقوب العلوية.

كان قد صنع الغسالات من معدن الحديد، الذي كان قد وضعه في فم الثقوب السفلية. سرعان ما بدأ المعدن المنصهر يتدفق فوق هذه الغسالات، والتي تم جمعها في بوتقات معدنية في القاع. تم وضع هذه البوتقات على عربات بعجلات بحيث يمكن سحبها إلى منطقة التشكيل بسهولة.

استقطب تصميم عبد الله الجديد جميع العمال وسرعان ما أدرجوا التصميم في جميع أنحاء المناجم. كان ناصر سعيدًا لأن تلميذه كان شخصًا ذكيًا.

مرت الأيام بسرعة. لكن بالنسبة لعبد الله كانوا يتحركون بوتيرة الحلزون. لا يزال عقله يتوق إلى الوجه الجميل. أراد الخروج من هذا المنجم في أقرب وقت ممكن.

ذات مرة أخبر ناصر عن رغبته في الخروج إلى القرية. استطاع ناصر أن يفهم نفاد الصبر في ذهن جناحه وقرر مساعدته عندما يحين الوقت المناسب. أراد أن يتأكد من أن عبد الله سيكون في أيدٍ جديرة بالثقة.

لم يرغب ناصر أبدًا في أن يعتقد الآخرون في المنجم أنه كان يفضل هذا الغريب. سيذهب العديد من عمال المناجم إلى مراعي أكثر اخضرارًا إذا أتيحت لهم الفرصة ومن ثم يمكن أن تصبح صناعة النحاس متوقفة عن العمل. كان خائفًا من مثل هذا الموقف وبالتالي قرر وضع خطة يمكنه من خلالها إبعاد عبد الله عن الألغام دون علم الآخرين.

جاءت فرصته قريبًا جدًا. في اليوم الذي مرض فيه الصبي المساعد، أخذ ناصر عبد الله معه إلى مزرعة علي عباس. ولحسن

الحظ، كان علي عباس أيضًا يبحث عن مساعد في مزرعته. حتى دون أن يسأل عبد الله، عرض خدمات عبد الله على علي عباس الذي قبلها بامتنان.

في ذلك اليوم، تحرر عبد الله من أغلال منجم النحاس. في ذلك الوقت، لم يكن بإمكانه أبدًا تخمين مدى قرب أعز أصدقائه.

كان ممتنًا لناصر على الدعم الهائل الذي قدمه له. وحذره ناصر بدوره من الاقتراب من المناجم خشية أن يتورط في نفس الحياة الكئيبة القديمة في مناجم النحاس.

بالنظر إلى الأخضر من حوله والعيون المسالمة المشرقة لمانحه الجديد، وعد نفسه بأنه سيظل مخلصًا لعلي عباس ونأمل أن يجد حب السيدة لأحلامه.

كان على وشك تحقيق طموحه. ولكن سرعان ما سيدرك أيضًا أن الخطر يكمن وراء الأجواء السلمية الهادئة.

الهروب من فكي الموت

كانت الرحلة ممتعة دون أي أحداث غير مرغوب فيها. استمتع حسين وعباس بصحبة أحمد وتعلما الكثير عن الملاحة البحرية وأيضًا عن طرق العثور على الاتجاهات في أعماق البحار.

لقد فهموا أن أحمد كان من قدامى المحاربين في مجال الملاحة وأن كتابه الذي سيتم إصداره قريبًا سيكون رصيدًا لجميع البحارة في العالم. كان تفانيه في مهنته مذهلاً مما جعل الإخوة أكثر إصرارًا من أي وقت مضى على تعلم المزيد ليصبحوا أفضل البحارة في أعالي البحار.

كانوا مفتونين ببناء السفينة. بدا مركبهم الشراعي وكأنه لعبة بالمقارنة.

كان طول سفينة أحمد حوالي مائة قدم. كان لديها صاريان وهذه الأشرعة جنبًا إلى جنب يمكن أن تجعل السفينة تتحرك بسرعة كبيرة. بشكل عام، كان هذا النوع من السفن يسمى باغلة.

كانت باغلة أحمد تبلغ من العمر عشرين عامًا تقريبًا وقام بعدة رحلات في نفس السفينة. كان الامتداد الشاسع للمحيط مثل ملعب كبير لهذا الرجل الباسل.

كان كل يوم درسًا جديدًا تعلمه حسين وعباس. اكتشفوا أن حمولة السفينة كانت ضخمة ويمكنها تخزين الطعام لعدة أشهر. كان لدى أحمد طاقم مكون من 30 شخصًا كانوا يعملون معه لعدة سنوات. أقسم الجميع بالولاء لأحمد ولن يتركوه بأي ثمن.

كان لدى أحمد طريقة في التعامل مع هؤلاء الرجال، وبدورهم أحبوه مثل شقيقهم الأكبر.

تعرفوا على طريق الحرير البحري الذي يربط الغرب بالشرق. كانت مسقط، النقطة المركزية في الطريق، أهم ميناء

تجاري، يربط آسيا بأفريقيا وأوروبا، وازدهرت بسبب التجارة بين الدول.

كان لدى عمان، بلدهم الحبيب، العديد من الموانئ مثل صلالة وصور وصحار وهرمز ومسقط. حصل التجار العرب على الحرير والخزف والتوابل والسكر من جاوة والفلفل من كاليكوت، وصدروا النحاس والسجاد واللؤلؤ والنيلي واللبان والأسماك والتمر والفستق. مع ازدهار التجارة، ازدهر الشعب والبلد.

مثل أطفال المدارس، استمعوا إلى أحمد يتحدث عن الرحلات عبر بحر عمان وبحر العرب إلى الهند وسيلان وعبر خليج البنغال إلى مالايا وسومطرة وإلى أبعد من ذلك نحو فيتنام والصين.

لقد أدركوا أن معرفتهم بالعالم الخارجي كانت أقل بكثير عند مقارنتها بما كان يحدث من حولهم. كانوا فخورين بكونهم عمانيين، بلد لديه الكثير من الاتصالات والمواد التي يمكن أن يقدمها إلى بلدان أخرى.

شكروا نجومهم المحظوظين على السماح لهم بالسفر مع هذا الرجل العظيم.

كما كان مصيرهم، فقد فرحوا في وقت مبكر جدًا للسماح لهم بهذه الرحلة إلى ماليندي.

في ذلك اليوم رأوا أرضًا بعيدة وترددت صرخات الفرح في سماء المساء الساكنة. أمرهم أحمد بالرسو بعيدًا جدًا عن ميناء ماليندي لأنه لا يريد الاقتراب من الميناء في الليل. كان يفضل دائمًا الهبوط خلال النهار عندما يكون قادرًا على الرؤية بعيدًا عن الميناء.

كان من المقرر أن تكون تلك الليلة أفظع ليلة لجميع البحارة على متن سفينة أحمد. لم يسبق لهم أن عانوا من مثل هذا الرعب في حياتهم في البحر. فوجئ أحمد أيضًا بالسرعة والشبح اللذين ضربهما بهما قراصنة البحر في جوف الليل.

استيقظ حسين وعباس من صراخ البحارة وطلقات الرصاص. لم يتمكنوا من فهم ما كان يحدث. كان ما هو غير متوقع ينكشف أمام أعينهم. أدركوا أن الرحلات البحرية لم تكن دائمًا مبهجة كما اعتقدوا.

نزل القراصنة، بقيادة رجل يرتدي ملابس ثقيلة ووجهه مغطى بوشاح من الحرير، عليهم من العدم. تم القبض على بحارة أحمد وهم نائمون، وفي أي وقت من الأوقات تم ربطهم جميعًا بالحبال وتم إرسالهم إلى إحدى الكبائن.

لم يبق سوى أحمد وحسين وعباس على سطح السفينة مع القراصنة. كان زعيم القراصنة الملثم يقترب من أحمد بشكل مهدد بسيف متلألئ في يده. اعتقد حسين وعباس للحظة أنها كانت نهاية عالمهما.

لكن لحسن الحظ، لم يكن رئيس القراصنة في مزاج لإيذاء أي منهم. قال لهم أن يكونوا هادئين. ووعد بعدم إيذائهم إلا إذا حاولوا أي مزحة للهروب. جعلهم يفهمون أنه لا يوجد أشخاص بالقرب من سفينتهم يمكنهم القدوم لمساعدتهم.

ربط الرجل المقنع الثلاثة إلى الصاري المركزي. وطالبهم بالصمت حتى لا يضطر إلى إيذائهم. كان يأخذ وقته للتخلص من جميع المواد الغذائية من مخزن السفينة.

في لحظة، اختفى من على سطح السفينة. تُرك الرجال الثلاثة التعساء يندبون حظهم السيئ.

وظلوا في هذا الموقف لمدة أسبوع تقريبا. في بعض الأحيان، من أي مكان يأتي إليه بعض الناس، دائمًا ما تكون وجوههم مغطاة بالأوشحة. لم يتمكنوا أبدًا من التعرف على معذبيهم. كان هؤلاء الغرباء يطعمونهم الخبز ويسمحون لهم بالذهاب لتلبية احتياجاتهم اليومية واحدة تلو الأخرى.

كانوا على وشك لعن اليوم الذي اختاروا فيه الشروع في هذه الرحلة إلى ماليندي. لكن صديقهم أحمد ظل غير مبالٍ، غير منزعج مما كان يحدث لهم. في وقت لاحق فهموا أنه واجه عدة لقاءات مع القراصنة خلال رحلاته العديدة في الماضي.

كان حسين وعباس قد فقدوا كل أمل في العودة إلى وطنهم. أرادوا أن يكونوا شجعاناً مثل أحمد. لكنهم لم يتمكنوا من نسيان أسرهم في انتظار عودتهم الآمنة.

ثم حدث ما حدث.

اقترب الفجر عندما سمعوا طلقات نارية من حولهم. كانوا خائفين من أن القراصنة كانوا يذبحون طاقمهم.

فجأة، صعد تيار من البحارة إلى سطح السفينة من الجانبين. لا بد أنهم جاءوا بواسطة قوارب أصغر. اقترب الزعيم، الذي كان رجلاً طويل القامة أبيض البشرة، منهم وحرر أيديهم. كانوا أحرارًا في التحرك مرة أخرى.

قدم القائد نفسه على أنه بيدرو، وهو كابتن برتغالي من فريق فاسكو دا جاما. أخبرهم أنه امتنع عن رحلة فاسكو إلى كاليكوت من أجل القبض على قراصنة البحر بأمر من ملك البرتغال. الآن بعد أن أنجز مهمته، يمكنه العودة إلى بلده.

طلب منه أحمد البقاء مع سفينتهم حتى لا يواجهوا أي تهديد آخر من القراصنة. قبل بيدرو عرض أحمد.

سرعان ما كان أحمد وحسين وعباس في أحد القوارب الصغيرة في طريقهم للقاء ملك ماليندي. كان أحمد معروفًا في قصر الملك، وحظي حسين وعباس بترحيب ملكي من قبل الملك نفسه.

كان حسين وعباس غارقين في الثراء الذي رأياه في هذا البلد. نظرًا لكونها ميناء بين الغرب والشرق، فقد استدعت العديد من السفن ميناء ماليندي. كانت أدغال ماليندي المظلمة تحمل كنزًا من العاج وجلود العديد من الحيوانات البرية. قايضوا هذه البضائع بالتوابل من الشرق وبضائع أخرى من الغرب. لقد ازدهروا مع الملك الخيري كرأسهم.

قضى العمانيون الزائرون عدة أيام في ماليندي. اغتنم حسين وعباس الفرصة لاستكشاف الأدغال العميقة لهذه الأرض. تبين أن بيدرو كان

حارسًا شخصيًا جيدًا ومرشدًا لهم ونمت صداقتهم مع هذه الحملات. لقد وثقوا بهذا الرجل البرتغالي.

أراد بيدرو السفر معهم إلى بلدهم. أخبرهم أنه سمع عن عمان وكان فضوليًا لرؤية البلاد. وافق حسين على إعادة بيدرو معهم إلى المنزل.

لاحظ عباس أنه من الغريب أن بيدرو لم يرافقهم أبدًا كلما ذهبوا إلى قصر الملك. كان دائمًا يقدم عذرًا أو آخر للانشغال بأعمال أخرى ويمنع نفسه من الظهور في القصر. على الرغم من أن الأمر بدا غريبًا بعض الشيء، إلا أن عباس لم يفكر كثيرًا في هذا.

فقد أحمد جميع المواد الغذائية التي كانوا يخزنونها في السفينة للقراصنة. لقد تم تجريدهم من جميع الأسهم. أمر الملك تجاره بمساعدة الزوار في تخزين الطعام لرحلة عودتهم. تكريما لأحمد بن ماجد، أمر التجار بإعطاء المواد بنصف السعر المعتاد.

لم يخطط أحمد أبدًا لتحقيق أرباح كبيرة من رحلاته. كان اهتمامه يكمن أكثر في الخبرة التي أراد اكتسابها. لكنه اضطر إلى الحفاظ على نفسه والحفاظ على رضا طاقمه.

سمعوا قصصًا عن زيارة فاسكو دا جاما إلى ميناء مالينـدي. على الرغم من أن الملك أحب البرتغاليين، إلا أن الرجال المحليين لم يثقوا بهم كثيرًا. كانوا دائما متخوفين من هؤلاء الناس من الغرب.

علموا أنه على الرغم من أن التجار العرب لم يرغبوا أبدًا في توجيه البرتغاليين إلى كاليكوت، إلا أن فاسكو دا جاما تمكن من مصادقة تاجر واحد لديه معرفة جيدة بالطريق البحري إلى كاليكوت. ترددت شائعات بأن هذا المتداول من ولاية غوجارات، وهو مكان في الجزء الغربي من الهند.

أخيرًا، بزغ فجر يوم عودتهم إلى عمان. كان بيدرو معهم وتعهد بإحباط أي غارة من قبل قراصنة البحر. لم يكن يريد أن يرافقه أي من رجاله المحليين في هذه الرحلة. وبدلاً من ذلك، اختار خمسة رجال أقوياء من طاقم أحمد دربهم على محاربة القراصنة. بدا واثقًا جدًا من أنه لن يكون هناك المزيد من الهجمات.

كان حسين سعيدًا بوجود بيدرو معهم وكان واثقًا من أنه، كما كرر بيدرو، لن يكون هناك المزيد من الهجمات المفاجئة.

لكن عباس كان لديه شكوك حول سلوك بيدرو. قرر أن يسهر على هذا الغريب من البرتغال.

على عكس تخوف عباس، اكتملت رحلة العودة دون أي حوادث غير مرغوب فيها.

64

مقدّر لنا أن نكون معًا

عادت فاطمة إلى حيث كانت تحب أن تكون-التل الصامت المواجه للبحر. شعرت بسعادة ورضا كبيرين لأنها كانت في محيطها الطبيعي بعد سقوطها من التل في وقت سابق، لم تسمح لها والدتها بالذهاب بمفردها إلى التلال.

في كثير من الأحيان ناشدت والدتها للسماح لها بالذهاب إلى هناك. لكن رباب كان يخشى أن نفس الجن الذي تسبب في سقوطها يمكن أن يؤثر عليها مرة أخرى. لم تستطع فاطمة أن تنسى ذلك اليوم الذي فقدت فيه وعيها. اعتادت أن تراودها أحلام غريبة بعد ذلك. في كل أحلامها، اعتاد وجه وسيم جدا أن يظهر. كان لديها ذكرى غامضة للغاية لهذا الوجه. كان الأمر كما لو أنها رأته في مكان ما. لكنها لم تتذكر أبدًا أين رأت هذا الوجه من قبل.

كانت لديها فكرة أن الوجه الشاب له علاقة بالتل الذي حاولت الوصول إليه. كان الانجذاب الغريب الذي شعرت به نحو ذلك التل لا يزال لغزًا بالنسبة لها.

كل ليلة، دائمًا، تظهر التلة الغريبة في أحلامها وتوجهها نحو الصندوق المستطيل الذي رأته من قبل. بدا الصندوق مشرقًا تحت السماء الزرقاء الشاسعة.

الآن وهي جالسة في مكانها المعتاد في مواجهة البحر الأزرق الهادئ، قررت أن تغامر بالخروج للعثور على ذلك التل حتى تتمكن من فهم سبب انجذابها إلى مكان لم تذهب إليه أبدًا. كانت أمي تتحدث دائمًا عن الجن وتحاول إخافتها من المغامرة إلى مثل هذه الأماكن بمفردها وقت غروب الشمس. لكنها لم تكن خائفة من مثل هذه الأشياء. كان هذا المكان هو المكان الذي تنتمي إليه وأحبّت كل شيء حوله كثيرًا. كانت تعرف أن الطبيعة الأم لن تؤذيها أبدًا لأنها كانت تهتم دائمًا بها وبجميع إبداعاتها.

كان حسين وعباس قد غادرا منذ فترة طويلة. ذهبوا إلى ماليندي، مكان بعيد. بدأت أمي تقلق عليهم. لكن بابا كان يواسيها دائمًا بالقول إنهم كانوا مع أحمد بن ماجد المتمرس، الذي كان من قدامى المحاربين في مجال الملاحة البحرية. لذلك، لم يكن هناك ما يدعو للقلق. سيعودون سالمين.

نظرت حولها. تذكرت رؤية صندوق يشبه الهيكل على التل في أحلامها. لم يكن هناك شيء من هذا القبيل على هذا التل. كان الأمر سهلاً، وكونه الربيع، كانت هناك أزهار تتبرعم على النباتات الصغيرة حولها.

كان هناك صوت حفيف. قفزت. من أو ماذا يمكن أن يكون ذلك ؟ شعرت بالارتياح عندما رأت صديقها نبيل، الطاووس يسير على المنحدر المستدير للتل. شعرت بوجودها وجاءت إليها. شعرت بسعادة غامرة لرؤية صديقتها. لقد مر وقت طويل منذ أن رأته آخر مرة.

جاء إليها الطاووس وصعد إلى حضنها. نبيلها لن ينساها أبدًا. كان جميلاً جداً.

كان نبيل ينظر إلى وجهها كما لو كان يحاول أن يسألها أين كانت طوال هذه الأيام. لقد مرت ستة أشهر تقريبًا منذ أن جاءت إلى هنا في المرة الأخيرة. استمرت في التحدث إلى نبيل حول كل ما حدث منذ أن صعدت التل الآخر.

مرة أخرى كان هناك صوت حفيف. توقفت عن الكلام. من يمكن أن يكون هذا ؟

فوجئت برؤية رجل يتسلق التل. لم تستطع رؤية وجهه. كان طويلًا ونحيفًا. كان يرتدي ثوبًا محليًا، لكن مشيته ومظهره كانا مختلفين عن الرجال المحليين. رفع وجهه لينظر إليها.

ومض وجهها بعقلها. كان نفس الوجه الذي كانت تراه في أحلامها. كيف كان هذا ممكنًا؟ كيف يمكنها أن ترى شيئًا في حلمها كان سيحدث بعد ذلك؟

نهضت بشكل محموم. قفز نبيل من حضنها وبقي قريباً منها. كان أيضًا متيقظًا لهذا الغريب الذي كان يقترب منهم.

كان يبتسم لها. هدأ الدفء في ابتسامته عقلها. كان لديها شعور بأن هذا الشخص ليس شخصًا من شأنه أن يؤذيها.

رحب بها باللغة العربية وردت بالمثل. على الرغم من أنه بدا كائنًا فضائيًا، إلا أنه كان يتحدث العربية بطلاقة.

"كيف حالك يا فاطمة؟"

"كيف تعرف اسمي؟ لم أقابلك من قبل."

"أنا أعمل في مزرعة بابا الخاص بك. لذلك أنا أعرف كل شيء عنك وعن عائلتك. بابا هو مثل هذا الشخص اللطيف. وفر لي العمل ومكان للإقامة. إنه يتحدث معي عن عائلته."

"أتذكر. ذكر بابا شخصًا جديدًا عينه للعمل في مزرعته. لكنك لم تأتي إلى منزلنا أبدًا."

"لم تكن هناك فرصة للزيارة. لكنني اعتدت أن آتي إلى هذا المكان بحثًا عن الوجه المحفور في ذهني منذ حوالي ستة أشهر الآن."

"هل وجدت هذا الوجه؟ أم أنك لا تزال تبحث عنه؟"

"لم أكن محظوظًا بما يكفي للعثور عليه."

سقط وجه فاطمة. شعرت بأنها مهجورة. لقد حلمت بهذا الوجه لفترة طويلة. كانت تأمل بشدة أن يقول إنه كان يبحث عنها أيضًا. لكن الآن هذا الرجل الغبي كان يقول إنه لم يجد ما كان يبحث عنه حتى الآن.

"فاطمة، لماذا أنت هادئة؟"

لم تجب. كانت عواطفها تتراكم داخلها. شعرت باليأس الذي كان يمزق قلبها. لم ترفع وجهها. كانت تخشى أن يرى الدموع التي كانت تتدفق في عينيها.

"لكن ذلك كان حتى اليوم. الآن وجدت ما كنت أبحث عنه. هذا الوجه، هذا الوجه الجميل لك هو الذي كنت أراه في أحلامي. هذا هو الذي كنت أبحث عنه طوال هذه الأيام. أخيرًا، لقد عثرت على الشيء الذي أردته أكثر من غيره."

كانت كلماته مثل اللآلئ التي تتساقط حولها. لقد أشعلت النار داخلها. لم يعد بإمكان عقلها التحكم في سعادتها. نظرت إليه وبدأت تبكي.

بدا في حيرة من أمره. اعتقد أنه أساء إليها بما فضحه. "أنا آسف إذا قلت شيئًا خاطئًا. سامحيني يا فاطمة."

استعادت أعصابها للرد. "أنا سعيدة للغاية، يا عزيزي الغريب. هذه دموع الفرح. كنت آمل أن تقول بالضبط ما قلته. يا لها من مصادفة أنني كنت أحلم بوجهك أيضًا. لا أعرف كيف تمكنت من رؤية وجهك من قبل. لكنه كان دائمًا في ذهني."

"أنا مرتاح. للحظة اعتقدت أنني فقدتك. هل تتذكر اليوم الذي جئت فيه متدحرجًا أسفل التل؟ في ذلك اليوم كنت مارًا وسارعت لمساعدتك. تصادف أنك فتحت عينيك لتنظر إلي ثم فقدت الوعي. سمعت شخصًا ينادي باسمك وهربت من هناك. لم أستطع أبدًا أن أنسى الوجه الجميل الذي رأيته للحظة وجيزة في ذلك اليوم. تلك العيون المشرقة تحت الحواجب ذات الشكل الجيد والأنف الطويل والخدود الجميلة! كانت هذه محفورة في ذاكرتي وأردت العثور عليها مرة أخرى في يوم من الأيام. صادف أن يكون ذلك اليوم، أكثر أيامي حظًا!"

"هذا يعني أنني رأيتك في ذلك اليوم وكان هذا هو سبب أحلامي. اعتدت أن أرى وجهك كل ليلة تقريبًا وبدا ذلك الوجه مألوفًا جدًا. كان من اللطيف والمدروس منك أن تأتي بحثًا عني."

كويك... كويك... بدأ نبيل في إصدار الأصوات. كان يذكرها بأن الشمس كانت تغرب عن البحر. سيحل الظلام قريبًا. لذلك كان عليها أن تذهب. وإلا لكانت والدتها قلقة.

أخذت فاطمة إجازة من الغريب. كان عليها أن تذهب. ووعد بمقابلتها في نفس الوقت في اليوم التالي. قالت إنها تتطلع إلى ذلك الاجتماع ونزلت إلى التل. عندما وصلت إلى سفح التل نظرت إلى الوراء. كان يقف هناك على قمة التل، يحدق بها.

لوحت بيديها له ولوح له مرة أخرى. ثم سارت نحو منزلها.

كان ذلك عندما تذكرت أنها لم تسأل عن اسمه أبدًا. كان يعرف اسمها. لكنها لم تكن تعرف من هو ومن أين ينحدر بالفعل. كل ما عرفته عنه هو أنه كان يعمل في مزرعة والدها.

كان عليها الانتظار حتى الغد. لم يكن هناك طريقة أخرى. لا تجرؤ على سؤال أبيها. سيكون هناك العديد من الأسئلة حول كيفية التقائهما على قمة تل. كل ما استطاعت فعله هو الانتظار لمدة أربع وعشرين ساعة أخرى.

سارت ورأسها مليء بأفكار الغريب. ثم خطرت لها فكرة أخرى. يمكنها دائمًا الذهاب إلى مزرعة أبيها صباح الغد ومقابلته هناك. عندما خطرت لها هذه الفكرة، ركضت نحو منزلها. لم تستطع الانتظار لرؤية والدها لطلب الإذن للذهاب معه إلى مزرعته.

"أين كنت طوال هذا الوقت يا عزيزتي ؟" كانت أمي تسألها. بدت سعيدة للغاية. تساءلت فاطمة عن السبب.

قبل أن تتمكن من الإجابة، بدأ رباب يتحدث بحماس. "فاطمة، هناك أخبار من إخوتك. سيصلون قريبًا إلى صحار. حصل أحمد على الأخبار من مسقط، من خلال عدد قليل من البحارة العائدين من رحلاتهم الخاصة."

"متى سيصلون يا أمي ؟"

"ربما في غضون أسبوع أو نحو ذلك. وهي راسية بالقرب من صور وستصل إلى مسقط في يوم آخر. من هناك سيأتون مباشرة إلى صحار."

"هل أنت سعيدة الآن يا أمي ؟ كما قال بابا، لن يحدث لهم شيء. هم مع أحمد بن ماجد. أنا فقط أنتظر رؤيتهم والاستماع إلى قصصهم."

"حسناً. الآن اذهب واستحم. لقد حان وقت الصلاة."

غادرت فاطمة رباب وذهبت إلى غرفتها. الأخبار عن إخوتها أدفأت قلبها. ولكن كان هناك شيء آخر بارز في ذهنها-ذلك الغريب من العدم. كانت تتطلع إلى مقابلته مرة أخرى غدًا.

كان عليها أن تعرف اسمه. لكنها لم تعتقد أبدًا أن اسمًا واحدًا يمكن أن يعقد حياتها كثيرًا.

التالي

التقيا عدة مرات-على التل وفي المزرعة. عرفت فاطمة أنها لا تستطيع العيش بدون هذا الرجل.

الغريب، الذي أخبرها أن اسمه عبد الله، عرف أيضًا أنه لا يستطيع العيش بدونها. لكنه كان يخشى أن تكون هناك مضاعفات، والتي قرر مواجهتها عندما يتعلق الأمر بتلك المرحلة.

بدت الحياة في المزرعة رائعة جدًا لعبد الله عندما فكر في الوقت الذي قضاه في مناجم النحاس. على الرغم من أن الناس في مناجم النحاس كانوا ودودين للغاية معه، إلا أن الحياة هناك كانت صعبة للغاية. كان للداخلية المظلمة للألغام والحرارة الحارقة تأثيرها على عقله وجسده.

ساعده ناصر بعدة طرق. كان الأفضل هو تسميته عبد الله. لم يسأله أحد عن أصله. اعتقدوا أنه كان يعاني من فقدان الذاكرة فيما يتعلق بالأشياء حتى ذلك الوقت ولم يحاول أبدًا تغيير هذا الاعتقاد. لقد ساعده ذلك كثيرًا.

أثناء عمله في المناجم، حثه عقله على الخروج من المناجم بحثًا عن صاحب الوجه المحفور في ذهنه.

اليوم الذي ذهب فيه مع ناصر لجمع الخضروات للمخيم غير مصيره. كان عليه أن يشكر نجومه الجيدين على حث ناصر على طلب مرافقته منذ أن مرضت المساعدة المعتادة.

كانوا قد ذهبوا إلى المزرعة حيث يمكنهم شراء الخضروات والفواكه أرخص من السوق. كان المالك، علي عباس، شخصًا لطيفًا ومستعدًا لمساعدة أي شخص محتاج. أحب عبد الله علي عباس منذ اللقاء الأول.

لاحظ ناصر أن علي كان يفعل كل شيء بنفسه مع ابنه الصغير هيثم لمساعدته. سأله ناصر لماذا لم يوظف شخصًا آخر للمساعدة.

أخبرهم علي أن معظم الشباب في قريتهم يحبون أن يكونوا بحارة أو تجار. لم يكن أحد مهتمًا بالعمل في الحقول. إذا تمكن من العثور على شخص مهتم حقًا بالعمل في المجالات التي كان مستعدًا لاستقباله فيها.

دون طلب موافقته، عرض ناصر إعطاء عبد الله له. عندما قال علي نعم لهذا، كان عبد الله غارقًا في الفرح. أخيرًا، كان بإمكانه استنشاق هواء جيد والهروب من العمل الشاق في المناجم. سيكون حراً في البحث عن الوجه في أحلامه.

بدأ في اليوم التالي. أصبح مزارعًا من عامل منجم. ساعده القرب من القرية أخيرًا على مقابلة فاطمة، صاحبة الوجه من أحلامه.

في ذلك اليوم بالذات، كان علي عباس منتشياً للغاية. كان أبناؤه قد عادوا من رحلتهم إلى ماليندي. أرسل ذكر ماليندي موجات صدمة عبر جسد عبد الله.

كان قد رتب وليمة للقرويين تكريما لعودة الرحالة. أراد أن يشارك عبد الله. فرح عبد الله في الداخل باحتمال الحصول على فرصة أخرى للقاء حبيبته.

بحلول المساء كان معظم القرويين قد تجمعوا في منزل علي عباس. كان مركز الجذب، بالطبع، حسين وعباس. كانوا يروون قصتهم عن الرحلة عبر البحر إلى أمة ماليندي العظيمة هذه. أشادوا بملك ماليندي الذي كان كريماً جداً مع أي شخص يزور بلدهم.

يمكنهم بيع البضائع التي أخذوها من صحار مقابل العديد من العناصر الجديدة من ماليندي. كانت المواد المصنوعة من أنياب الحيوان الكبير المسمى الفيل جميلة. عندما وصفوا الفيل، شعر المستمعون بالرعب. شعروا بالارتياح لأن هذه الحيوانات لم تُرى في الجزء الخاص بهم من العالم.

انشغل جميع الناس برواية الإخوة النبهانيين. كانوا أكثر سعادة لسماع مآثر الأسطورة أحمد بن ماجد.

جاء عبد الله إلى منزل رئيسه للقاء المسافرين. كان قد ابتعد عن الإخوة وكان يراقبهم وهم يستمعون بعناية إلى حديثهم. ثم رأى الشخص الواقف خلف حسين بقبعة كبيرة تغطي معظم وجهه. بدا الوجه مألوفًا. ولكن كيف يمكن أن يكون ؟

شعر بقلبه ينبض بشكل أسرع. إذا كان هذا هو الشخص الذي اعتقد أنه هو، فعليه أن يبتعد عن هناك قبل أن يتم رصده. كان عقله مضطربًا لدرجة أنه لم يستطع التركيز على ما كان يقوله حسين.

خرج من المنزل دون أن يلاحظ أي شخص آخر غيابه. كان عليه أن يضع مسافة كبيرة بينه وبين ذلك الرجل داخل المنزل. كان عقله يتسابق لإيجاد طريقة للهروب دون أن يلاحظه أحد. لكنه لم يستطع تحمل فكرة الابتعاد عن حبيبته فاطمة. يجب أن تكون هناك طريقة.

رأت فاطمة عبد الله ينزلق من المنزل. كانت فضولية لمعرفة إلى أين كان ذاهبًا وكان قلبها ينبض من أجل شركته. تصرفت كما لو كانت تشعر بالنعاس ثم انتهزت الفرصة للخروج من المجلس.

خطت خارج المنزل ووجدته يمشي مبتعداً عن المنزل على طول ظلال أشجار الموز. ركضت نحو عبد الله وأمسكته بيده.

بدا منزعجًا. التفت إلى الوراء وكان على وشك القتال مع من أمسك به. ولكن بعد ذلك رأى الوجه الجميل يلمع في ضوء القمر.

وقف ساكناً للحظة ثم أخذها بين ذراعيه القويتين. بدأوا في الابتعاد عن المنزل.

داخل قلبها، عرفت فاطمة أنها كانت تفعل شيئًا خاطئًا. إذا علمت والدتها بغيابها، فستشعر بالقلق. لكنها لم تستطع الابتعاد عن حبها. ساروا يداً بيد هكذا لبعض الوقت. لقد وصلوا إلى سفح تل. كما لو كانت أمسية أخرى من اجتماعهم على قمة التل،

صعدوا إلى قمة التل. بمجرد وصولها إلى القمة، لم تستطع فاطمة إخفاء دهشتها. كان هذا بالضبط مثل التل من أحلامها. كان هناك الكثير من العشب في الأعلى وإلى الزاوية البعيدة كان بإمكانها رؤية صندوق الحجر الأحمر المستطيل.

ظنت أنها كانت تحلم مرة أخرى. قرصت نفسها وقرصت عبد الله، مما فاجأه. لكنه تمسك بها وقلبه ينبض من أجل حبه.

مشوا نحو الصندوق.

"عبد الله، هذا هو التل من أحلامي. لقد رأيت ذلك عدة مرات في أحلامي. لكن هذه هي المرة الأولى التي آتي فيها إلى هنا. يبدو الأمر كما لو أن شيئًا ما جذبنا نحو هذا التل. ماذا يمكن أن يكون ذلك ؟"

"فاطمة، أنا أيضًا آتي إلى هنا لأول مرة. كنت أمشي معك وها نحن ذا، في الأعلى، تمامًا كما في أحلامك. مقدر لنا أن نكون واحدًا في هذا المكان المقدس، ربما. دعونا نجلس بجانب هذا الصندوق الحجري الأحمر الجميل."

"ماذا يمكن أن يكون داخل هذا ؟ لنفتح الغطاء."

حاولت دفع غطاء الصندوق. تحركت قليلاً. ولكن بعد ذلك أمسك بها عبد الله وقبلها.

"انسى الصندوق يا عزيزي. لنكن ما يجب أن نكون عليه. على رأس هذا المكان المبارك، أعدك بأنني سأعتني بك طوال حياتي. أرجوك أن تكون لي وفقط لي."

أرادت أن تقول إنها كانت دائمًا ملكه. لكن موجات العواطف أغرقت كل ما فكرت في قوله. كان الأمر كما لو أن بعض القوة بجانبها تحثها على أن تكون له.

أراد عبد الله أن ينسى كل مآسيه الماضية والتهديد الذي رآه وراء حسين. كان لديه فكرة واحدة فقط في ذهنه وهي فاطمة.

بدت قمة التل مشرقة من تألق القمر. كانت سماء الليل مضاءة بآلاف النجوم وكان الأفق أحمر تقريبًا، مما دفع العشاق للاستمتاع بوقتهم المخصص للحب.

كان الأمر كما لو أن الطبيعة قد حددت موعدًا لفاطمة وعبد الله كما يمليه القدر.

في ذلك اليوم، في ذلك الوقت، أصبح عبد الله وفاطمة واحدًا.

تحول غطاء صندوق الحجر الأحمر وكان الصندوق مفتوحًا.

التالي كان يحدث.

كيرالا، الهند
إلى 1520 1500

أنا غلاوبر خوسيه ألفاريز

لقد مر وقت طويل منذ أن غادرت بلدي. كانت المخاطر والمغامرات التي مررت بها عديدة. ولكن في النهاية كان كل شيء جزءًا من قدري أن أحظى بحياة سعيدة مع حبيبتي فاطمة.

على الرغم من أنني لا أريد أبدًا أن يتعرض أي شخص آخر لمثل هذه المحن في حياته، إلا أنه بالنسبة لي كان تذكيرًا لطيفًا بما يمكن أن أجنيه على الرغم من كل الصعوبات.

أرتجف في نومي عندما أرى الكوابيس الجامحة لفاسكو وبحارته المنتقمين. لا بد لي من الابتعاد عمدا عن البحارة البرتغاليين الذين يترددون على هذه المدينة الجميلة من كاليكوت.

المواطنون مهذبون ومحبون للغاية. لقد سمحوا لنا بالاستقرار بسهولة بينهم. كنا أجانب بالنسبة لهم. لكنهم لم يواجهوا أي مشاكل في قبولنا على أننا ملكهم.

لا أحد، باستثناء فاطمة، يعرف اسمي الحقيقي. بالنسبة لجميع الآخرين، أنا عبد الله من ليوا، عمان. نأمل ألا يأتي أحد من ليوا إلى هذا المكان. في اليوم الذي يأتي فيه شخص ما، يمكن أن تدمر حياتنا السلمية.

كانت مشاكلي بسبب ذلك الرجل، فاسكو. وإلا كنت سأبقى مع عائلتي في لشبونة، وأعمل بسعادة مع الملك والبحرية. في ذلك اليوم المشؤوم، جاء فاسكو لمقابلة الملك للحصول على إذن لرحلته للعثور على الطريق البحري إلى الهند-الطريق إلى الشهرة والثروة.

كان فاسكو دا جاما يخطط للإبحار في ثلاث سفن ولهذا السبب طلب من العديد من البحارة مرافقته. وافق ملكنا، بقدر ما كان خيريًا، على إقراض أفضل الأفراد من أسطوله. كان هذا هو الثمن الذي اضطررت لدفعه لكوني مطيعاً ومخلصاً لأسطول الملك.

من جندي بحرية، تحولت إلى بحار. كان والداي سعيدين للغاية لأنني تمكنت من الحصول على هذا الشرف لتمثيل الملك في هذه الرحلة. لكنهم لم يعرفوا أبدًا الألوان الحقيقية لفاسكو.

في عام 1497، بدأت السفن الثلاث -سان رافائيل تحت قيادة فاسكو دا غاما، وسان غابرييل تحت قيادة باولو دا غاما، وسان ميغيل تحت قيادة نيكولاس كويلو، رحلتها المغامرة. في ذلك اليوم جاء ميناء لشبونة على قيد الحياة مع أشخاص من جميع أنحاء البرتغال. أرادوا أن يتمنوا لزملائهم وأصدقائهم وأفراد أسرهم وداعًا.

كنت في سان ميغيل مع نيكولاس كويلو. كانت سان ميغيل السفينة الملعونة أكثر من غيرها. حتى ذلك الحين، كان من الممكن إنقاذ البحارة لولا صلابة فاسكو.

استغرق الأمر منا ما يقرب من عام للوصول إلى شواطئ ماليندي، المملكة الواقعة على الساحل الشرقي لأفريقيا. جعلت عواصف البحر الخطيرة عندما اقتربنا من رأس الرجاء الصالح العديد من البحارة يخشون على مصيرهم. أرادوا العودة إلى البرتغال. لكن فاسكو كان مصمماً على المضي قدماً.

بحلول الوقت الذي وصلنا فيه إلى ماليندي، كان العديد من أفراد الطاقم مرضى. تم نقل جميع المرضى إلى سان ميغيل. بينما حظي قباطنة السفن بترحيب جيد في قصر الملك، كان الآخرون يعانون داخل السفينة.

تكبد سان ميغيل الكثير من الأضرار خلال الرحلة بسبب العاصفة المستمرة على طول الساحل الجنوبي لأفريقيا. تم إصلاح السفن الأخرى التي لحقت بها أضرار أقل بمساعدة خبراء من ماليندي.

شعرت بالرعب عندما سمعت القادة يناقشون مصير سان ميغيل.

اضطررت بطريقة ما إلى إنقاذ الرجال الفقراء في سان ميغيل. إذا لم أتخذ بعض الإجراءات بسرعة، فإن كل هؤلاء الرجال المرضى سيموتون. لا يمكن أبداً محو ذلك اليوم المشؤوم من ذاكرتي.

حملت الليلة المظلمة حكاية البؤس والمعاناة والموت في المخزن.

كان بيدرو هو الشخص المسؤول عن إزالة المخزون والبحارة من سان ميغيل قبل غرقه. لكن بيدرو كان لديه تصاميم مختلفة. دون علم فاسكو، قام بسحب جميع الأسهم من السفينة. لم يكن يريد أن يترك أي شاهد على قيد الحياة واتخذ الإجراء الصارم بإغراق السفينة مع جميع البحارة المرضى معها.

لم يستطع البحارة التعساء المقاومة. لم يكن لديهم وسيلة للهروب، غرقت السفينة في ظلام الليل. قبل أن يدركوا ما كان يحدث، كانت السفينة مع جميع البحارة المرضى في طريقها إلى قاع البحر.

أدركت أنني بعد كل شيء لم أكن سوى إنسان بلا قوى عظمى، عندما أغرقوا السفينة المتضررة بالفعل بشحنات العمق تمكنت من الهروب بنفسي. طغت القسوة المطلقة لهذا الفعل من بيدرو على مشاعري الخاصة بالعجز واليأس. في ظلام الليل، غرقت السفينة مع ما لا يقل عن 20 من أبناء الوطن المرضى والمتعبين في ظلام أعماق البحر.

لم يدرك بيدرو أبدًا أنني هربت من السفينة. لم يكن ليسمح لي برؤيتي. قام فاسكو بتجنيد بعض المدانين السابقين لتعزيز فريقه. لم يكن ليفكر في العواقب السلبية لهذا التعزيز.

اضطررت للاختباء من هؤلاء الرجال القاسيين، وخاصة بيدرو، والابتعاد عن هذه الأرض الملعونة. تبع ذلك أيام من المحنة. لم أستطع فهم عدد الأيام أو الأسابيع التي مرت. بقيت مختبئًا، بالكاد آكل.

أخيرًا، تمكنت من التسلل إلى سفينة. لم أكن أعرف من هم وإلى أين يتجهون. لكن كان علي الفرار من ذلك المكان قبل أن يكتشفني شخص من السفن البرتغالية. لم أكن متأكدًا بعد الآن من كان صديقًا أو من لم يكن كذلك.

لحسن الحظ، تمكنت من الاختباء في مخزن السفينة، مما ساعدني في السفر دون الشعور بالجوع. استطعت أن أسمع محادثة البحارة الذين نزلوا لجلب المخزون للمطبخ. كانت لهجتهم غريبة تمامًا بالنسبة لي، لكن الكلمات أحمد بن ماجد وعمان لفتت انتباهي.

أخيرًا، تمكنت من الوصول إلى شاطئ عمان واتخذ مصيري منعطفًا جديدًا. من البحرية إلى البحارة إلى عمال المناجم إلى المزارعين- كل شيء سار على ما يرام. تم نسيان كل المعاناة بمجرد أن قابلت فاطمة.

لكن يبدو أن الفرح لم يكن مقدراً لي لفترة طويلة. أعاد الوجه الذي رأيته خلف إخوة فاطمة عندما تجمعوا في منزلهم للاحتفال بعودتهم إلى ديارهم الذكريات المظلمة من ماليندي. وصل بيدرو إلى شواطئ عمان. لم يكن هناك راحة بالنسبة لي.

كان علي أن أعيش في خوف من الكشف. اضطررت إلى الابتعاد عن إخوة فاطمة ومنزلهم. اقتصرت على المزرعة وفي بعض الأحيان ذهبت إلى التل لمقابلة فاطمة.

عندما نشرت في أحد الأيام الأخبار التي حملت بها، كنت سعيدًا وفي نفس الوقت متحجرًا. إذا علمت عائلتها بذلك، فماذا سيحدث؟ لن يوافقوا بأي حال من الأحوال على زواج ابنتهم الجميلة من شخص غريب. حتى لو وافقوا على الزواج، فإن بيدرو سيخلق مشاكل.

إذا حدث أن رآني بيدرو، فسوف يزرع بذور السم في أذهان إخوتها. مما لا شك فيه أنهم سيصدقون بيدرو وليس أنا. كان بيدرو منقذهم. كنت على يقين من أن الاستيلاء على سفينتهم من قبل قراصنة البحر قام به بيدرو نفسه، لسرقة ثرواتهم ولا يزال في الكتب الجيدة للبحارة.

كان علي أن أفكر بسرعة. كان علينا أن نهرب. لم تكن هناك طريقة أخرى للعيش معًا. لم أستطع التفكير في حياة بدون فاطمة.

في البداية كانت فاطمة مترددة في الهرب من منزلهم. شعرت بالرعب من فكرة الهروب من والديها المحببين. كانت متأكدة من أن والديها لن يقولا أي شيء ضد زواجهما. كانت والدتها وأبيها واسعي الأفق ولن يمانعا في زواج ابنتهما من شخص غريب طالما كان الصبي حسن الطباع ويعمل بجد.

كان علي أن أشرح لفاطمة الخطر الذي كان يلوح أمامي في شكل بيدرو. بالنسبة لبيدرو، شكلت أكبر تهديد منذ أن كنت الناجي الوحيد من سان ميغيل وكنت أعرف ما فعله لنهب السفينة وذبح الطاقم أيضًا. لم يكن فاسكو يعرف ما فعله بيدرو. في نظر القبطان البرتغالي والبحارة الآخرين، كان بيدرو جنديًا شجاعًا حارب قراصنة البحر. جعلهم بيدرو يعتقدون أن القراصنة نهبوا السفينة وقتلوا الطاقم.

بيدرو لن يكون سعيدا لرؤيتي على قيد الحياة.

أخيرًا، بعد التفكير مليًا في الأمر والوضع الذي يلوح أمامنا، كانت فاطمة مقتنعة بأنه لا توجد طريقة أخرى سوى الهروب من ليوا.

قررنا معًا الذهاب إلى كاليكوت حتى نتمكن من بدء حياة جديدة، بعيدًا عن المتاعب المعروفة. لم يكن الأمر سهلاً. كانت جميع السفن من صحار تعرف عائلة النبهاني لأن حسين وعباس كانا قريبين جدًا من جميع البحارة. لذلك كان علينا أن نسلك الطريق الصعب عن طريق البر، على عربات الثور، إلى مسقط.

من مسقط إلى كاليكوت كانت محنة أخرى في السفينة. أدركت مدى شجاعة فاطمة. لم تشتك سيدتي الحامل من أي شيء ووصلنا إلى كاليكوت بعد عشرين يومًا من الإبحار الشاق. تم تهريبنا مقابل ثمن ووضعنا في المخازن، بعيدًا عن إشعار الآخرين. عادة، لا أحد يسمح للمرأة بالسفر بالسفن في هذه المنطقة. لذلك اضطررنا إلى دفع ضعف الرسوم المعتادة. في النهاية، وصلنا إلى كاليكوت.

هنا كنا نعيش حياة زوجية سعيدة، ونتوقع ولادة طفلنا قريبًا. لم يكن بإمكاننا أبدًا تخمين ما ينتظرنا في نهاية المطاف في مدينة الأحلام هذه!

ولادة محارب

بالنسبة لفاطمة، كان عالمًا جديدًا تمامًا. كان لديها الكثير من الأحلام حول التواجد في كاليكوت. أخيرًا، كانت تعيش في مكان أحلامها وهذا أيضًا مع زوج محب.

في بعض الأحيان شعرت بالاكتئاب الشديد، بعد أن تركت عائلتها المحبة وراءها. كانت تتوق إلى أبيها وأمها. افتقدت إغاظة هيثم والرعاية المحبة لإخوتها. لقد ضحت بكل شيء لتكون مع عبد الله. افتقدت ندى ورضية وبشرى وجميع الصغار.

كان طفلهما ينمو داخلها. كانت تفكر في كيفية تربية الطفل. أرادت التأكد من أنه سيعرف طرق نسبها ويتعلم اللغة العربية. بالطبع، كونه في هذا المكان سيتعلم كل الثقافة واللغة المحلية أيضًا.

لطالما أرادت أن يكون طفلاً صغيراً.

كان الناس من حولهم متعاونين للغاية ويمكنهم الاستقرار في هذه البيئة الجديدة بسرعة كبيرة. كان عبد الله يعمل في السوق. لم يكن يريد أن يكون بالقرب من الميناء.

كان حذرًا جدًا بشأن الأشخاص الذين تعامل معهم. وتجنب البرتغاليين المحليين وأي شخص له صلات بليوا. عرفه السكان المحليون باسم عبد الله وأحبوا هذا الزوج الجميل من عمان.

كان أفضل صديق لعبد الله هو فاسو ناير وكانت زوجته ليلى قريبة جدًا من فاطمة. كان فاسو وليلا بلا أطفال واعتنيا بفاطمة جيدًا خلال فترة حملها. كانت ليلى بمثابة أم لفاطمة.

كان ذلك عندما بدأ الرجل المجهول يطاردها.

كانت المرة الأولى التي واجهت فيها الكابوس مع الرجل المجهول الهوية خلال الشهر الرابع من حملها. كانت قد غفت، في انتظار عودة عبد الله من السوق. غابت الشمس في الأفق. نظرًا لكونها

مدينة ساحلية، اعتاد سكان كاليكوت على رؤية الشمس تغرب في الأفق الغربي كل يوم.

كان الرجل بلا وجه يختبئ خلف الشجرة في مجمعهم. اعتقدت فاطمة أنها سمعت شخصًا يدق على الأوراق الجافة. أدارت رأسها نحو صوت السرقة. كان الرجل يقترب منها وهو يحمل سيفًا في يده، مشيرًا إلى بطنها المتورم قليلاً.

كانت على وشك أن تصرخ في حالة من الذعر، وتغطي بطنها بيديها لحماية ابنهما، عندما سمعت شخصًا ينادي باسمها. جعلها ذلك تدير رأسها نحو البوابة ثم استيقظت.

رأتها عبد الله عند البوابة يسير نحوها. نظرت حولها. لكن لم يكن هناك أحد بالقرب من الشجرة. هل كان حلماً؟ لكنها كانت متأكدة تقريبًا من وجود شخص يحمل سيفًا.

في تلك الليلة في نومها حلمت بالتل والصندوق المستطيل.

لم تكن مولعة جدًا بالنهار. ستكون عبد الله في العمل وقد منعت نفسها من إزعاج ليلى، جارتها. سيكون لديها أيضًا الكثير من العمل في المنزل. لكن فاطمة غالبًا ما أنهت أعمالها المنزلية بسرعة ووجدت الكثير من وقت الفراغ.

كان يومًا آخر من الأعمال الروتينية بالنسبة لها، وكالعادة، كانت تجلس على الشرفة تفكر في طفلها الذي سيولد قريبًا. كانت تعرف أنه بمجرد ولادة الطفل، ستصبح مشغولة للغاية. أعاد ذلك ذكريات والدتها وأبيها لقد افتقدتهم كثيرًا، وبالطبع، أقامتها على قمة جبلها المفضل. لا بد أن نبيل يبحث عنها كل يوم.

جعلها صوت الهسهسة تدير رأسها نحو شجرة المانجو في المجمع. ظنت أنه ثعبان. لكن لدهشتها كانت تنظر إلى الرجل المجهول الهوية. هرعت ذكريات الرجل الذي يحمل السيف نحو بطنها إلى ذهنها وغطت بطنها بيديها بشكل متهور. كان اهتمامها الأول هو حماية طفلها. ثم سمعت رفرفة الأجنحة حولها وتحرك الرجل مجهول الهوية

خلف شجرة جاك فروت كبيرة. لم يعد بإمكانها رؤية الرجل. نهضت من مقعدها.

ظهر الشكل فجأة من خلف الشجرة وبدأ يسير ببطء نحوها. كان يحمل سيفًا ووقفت هناك عاجزة عن الكلام لا تزال تغطي بطنها بيديها.

اقترب الرجل منها كثيراً ومع ذلك لم تتمكن من التعرف على وجهه. كان الأمر كما لو أنه ليس لديه وجه على الإطلاق. كانت تشعر تقريبًا بأنفاس الدخيل وبهذا أغمي عليها.

استيقظت على مرأى من وجوه جيرانها القلقين، فاسو وليلا. لقد رشوا الماء على وجهها لإيقاظها. دعموها ببطء.

"ماذا حدث يا فاطمة ؟ تبدو شاحبًا جدًا. ما كان يجب أن تجهد نفسك في هذه المرحلة." ردد القلق في صوت ليلا ولعها بفاطمة.

"لا شيء خاطئ، عمتي. كنت أحاول النهوض ولا بد أنني فقدت توازني وانزلقت. لا داعي للقلق." لم ترغب في التحدث عن الرجل المجهول الهوية لأنها لم تكن متأكدة مما إذا كانت تحلم أم لا.

ساعدتها ليلا على النهوض وأخذتها إلى داخل المنزل. تركوها بعد أن وعدت بالراحة حتى يعود عبد الله من العمل.

في تلك الليلة أثناء نومها مع حبيبها عبد الله، عادت إلى قمة التل مع الصندوق المستطيل في حلمها.

كانت الأسابيع القليلة التالية هادئة. فكرت عدة مرات في إخبار عبد الله عن حادثة الرجل المجهول الهوية. لكنها امتنعت عن الكشف عن هذا له. كان يضحك فقط. لكن الرجل المجهول استمر في مطاردتها ولم تكن متأكدة مما إذا كان ذلك حقيقيًا أو تكرارًا لحلم سيء.

كان لديها شعور بأن الرجل المجهول له علاقة بالصندوق المستطيل الذي رأته على قمة التل في مسقط رأسها. حتى ظهور الرجل المجهول الهوية، ربطت الصندوق المستطيل بذكريات سعيدة عن حبيبها. هذا هو المكان الذي حملت فيه.

ربما كان مصير طفلها متشابكًا مع هذا الرجل المجهول الذي استمر في الظهور بين الحين والآخر.

كان عليها أن تستنتج أن هناك خطرًا غير معروف يتربص في مكان ما حولها وعبد الله. كان عليها حماية طفلها من هذا التهديد. قررت الانفتاح على عبد الله حتى يتمكنوا معًا من مواجهة أي تحديات سيتقيأها هذا الشخص المجهول.

لكن حياتهم لم تكن مقدر لها أن تتحرك وفقًا لنص فاطمة. بدأت الأمور تحدث بسرعة لدرجة أنها لم تستطع أن تسامح نفسها على الهروب من أحبائها.

أصبحت الأيام التي تلت ذلك مليئة بالأحداث.

أخيرًا، ولد المحارب - في وقت أبكر مما كان متوقعًا.

كاليكوت ــ مدينة الأحلام

كانت كاليكوت ميناء مزدحمًا. كانت توابل هذه المنطقة مشهورة لدرجة أن العديد من المسافرين والتجار جاءوا إلى هذه المدينة لشرائها. كان عامل الجذب الرئيسي هو الفلفل الأسود.

بخلاف الفلفل، اشتهر كاليكوت بالمنسوجات واللبن والقرفة والزنجبيل والكركم الأبيض. كما كان الميروبالان، المعروف محليًا باسم كادوكا، مطلوبًا كثيرًا بسبب قيمته الطبية.

بعد الهبوط في كاليكوت، حاول البرتغاليون إبرام صفقة مع زامورين، الذي كان حاكم الأرض. لكن زامورين البارع لم تغريه الأحجار الكريمة وغيرها من السلع التي قدمها البرتغاليون. كان البرتغاليون يحاولون احتكار كامل الأنشطة التجارية لهذه المنطقة من خلال الاستيلاء على الأنشطة التجارية وبالتالي طرد التجار العرب من المنطقة. أدرك الزامورين التصاميم الملتوية لهؤلاء الأجانب ولم يسمح لهم أبدًا بالبقاء في كاليكوت.

ثم لجأ البرتغاليون إلى مملكتي كوتشي وكانانور القريبتين. كان هؤلاء الملوك ينتظرون فرصة للإطاحة بزامورين، وبالتالي وقعوا ضحايا سهلة لفاسكو دا جاما الماكر.

كان المسلمون من البلدان العربية، الذين كانوا معروفين باسم المغاربة، على علاقة جيدة مع الزامورين. لقد ساعدوا في هزيمة البرتغاليين في العديد من المعارك في البحر. كان المغاربة منخرطين بالفعل في التجارة مع تجار كاليكوت ولم يرغبوا أبدًا في أن يشارك الأوروبيون أعمالهم.

ينتمي المحاربون الأصليون الذين قاتلوا من أجل الزامورين ودافعوا عنهم إلى مجتمع نير. كانوا سلالة شجاعة ولا يخشون شيئًا.

كان فاسو ناير قبطانًا في جيش زامورين. عاش مع زوجته ليلى في ضواحي الميناء. أعطى وصول فاطمة وعبد الله بعدًا جديدًا لحياتهما.

اهتم الزوجان اللذان ليس لديهما أطفال بفاطمة الحامل مثل ابنتهما. كانت فاطمة وعبد الله قد أسرتا قصصهما لهما. حرص فاسو دائمًا على ضمان عدم السماح للغرباء أبدًا في محيط المنزل الذي تعيش فيه فاطمة وعبد الله.

كونها مدينة الأحلام، كانت كاليكوت مليئة بالأجانب، وخاصة المغاربة. كان المسافرون من الشرق الأقصى والشرق الأوسط يترددون على الميناء. مع ظهور البرتغاليين، بدأ أوروبيون آخرون أيضًا في استهداف كاليكوت.

كان فاسو ناير يستمع دائمًا إلى الألسنة الهزازة للميناء للحصول على أخبار الوافدين الجدد إلى المدينة.

حذر عبد الله فاطمة من المشي بعيدًا عن منزلهم. اعتاد أن يرى بيدرو يصل إلى شواطئ كاليكوت مع إخوة فاطمة. كان متأكدًا تمامًا من أن بيدرو كان سيسمم عقول جميع الأشخاص المرتبطين بفاطمة ضده. لماذا لا يصدقون بيدرو!

في أعينهم، خدعهم عبد الله بتغيير اسمه الأصلي إلى اسم مسلم وهرب أخيرًا مع ابنتهم الوحيدة. على الرغم من أن بيدرو لم ير عبد الله في أي مناسبة عندما كان في ليوا، إلا أنه كان يعلم أن بيدرو كان سيخمن أنه هو من الوصف الذي قدمه السكان الأصليون بعد اختفائهم.

ستكون مجرد أسابيع أو ربما أيام عندما ظهر بيدرو، إلى جانب حسين وعباس في ميناء كاليكوت. أخبرته فاطمة ذات مرة أن إخوتها كانوا عازمون على القيام برحلة إلى كاليكوت، وهي مدينة يحلم كل بحار أو تاجر عماني بالوصول إليها.

كان عبد الله قد وضع خططًا مفصلة للانتقال من كاليكوت. فضل التعمق في الأرض، بعيدًا عن البحر. ساعده فاسو في تحديد موقع وشراء قطعة أرض في مكان قريب يسمى كانانور. كان قد بدأ في بناء منزل صغير في تلك الأرض.

كانت خطته هي إكمال المنزل بحلول وقت ولادة طفلهما ثم نقل عائلته إلى هناك.

كان هناك سبب آخر لعبد الله لاختيار كانانور كمنزل لهم. كان هذا المكان مشهورًا بالفنون القتالية لكالارييباياتو. كان فاسو قد أخذه إلى أحد أسياد كالارييباياتو. كان المعلم يعرف باسم كالاري آسان باللهجة المحلية. كان عبد الله مفتونًا بالحركات الماهرة لدعاة هذا الفن القتالي وأراد أن يتعلم هذا الفن.

كان يتأكد من أن ابنه)كان يعتقد أيضًا أنه سيكون ابنًا مثل فاطمة(تعلم أيضًا جميع مهارات المحارب. سيكون كانانور المكان المثالي لتربية ابنه.

،كان يشارك قلقه مع فاسو حتى في حالة حدوث أي أحداث غير متوقعة تكون فاطمة وابنهما في أيدي فاسو وليلا.

بسبب العمل في منزله، كان بعيدًا عن كاليكوت لعدة أيام معًا. كان يعلم -أن غيابه كان تعذيباً لفاطمة. لكنه أقنعها بضرورة وجوده في كانانور لتسريع بناء المنزل من أجل الانتقال إلى هناك في أقرب وقت ممكن. لم يرغب في التحرك قبل ولادتها لأن وجود أصدقائه وجيرانه سيكون عزاء لها.

،ولكن بمجرد ولادة الطفل وكانت فاطمة في وضع يسمح لها بالسفر كانوا ينتقلون إلى كانانور.

،مع مرور الأيام، لاحظ عبد الله أنه في كل مرة يعود فيها من رحلاته أظهر وجه فاطمة علامات إجهاد أكثر من ذي قبل. سألها عن سبب ذلك عدة مرات. لكنها كانت تتهرب دائمًا من سؤاله وتلقي الضوء على الموقف. كما أنه لم يفكر بجدية في الأمر وافترض أنها تأثرت بأفكار والديها.

لو لم يأت بيدرو إلى ليوا، لكانوا يعيشون بسعادة مع والديها في منزل جميل بني في المزرعة.

كان مصمماً على العودة إلى لواء ومواجهة غضب النبهانيين بمجرد ولادة طفلهم والوصول إلى مرحلة لفهم الأشياء. حتى ذلك الحين، سيتعين عليهم الاختباء من التهديد المحتمل لهذا الشيطان، بيدرو.

كان يجري محادثات طويلة مع فاسو حول تعليم ابنه. نصحه فاسو بأفضل الأماكن في كانانور حيث يمكن تعليمه وأيضًا أفضل مكان لتعلم كالاريباياتو. كانت حكايات لوكاناركافو وغيرها من المعابد الشهيرة في شمال كيرالا رائعة. أراد زيارة كل هذه الأماكن لفهم المزيد عنها وتربية ابنه في بيئة متعددة الثقافات.

يجب أن يكون ابنه جنديًا متسامحًا مع جميع الطوائف والأديان ويجب أن يصبح بطل الفقراء والمحرومين.

كان عبد الله قد وضع خططًا مفصلة. لكن التحول المفاجئ للأحداث جعل كل أحلامه تسخر منه.

ما هو غير متوقع

فوجئت برؤية الشخص عند البوابة. كيف جاء حسين إلى هناك دون أي تلميح! كيف كان بإمكانه معرفة مكان وجودهم؟

كان حسين قد دخل المجمع. تضاعفت دهشتها عندما خرج عباس وأحمد من خلف حسين ووقفا إلى جانب أي من الجانبين. ماذا سيحدث بعد ذلك؟ هل كانوا لا يزالون غاضبين منها؟ ربما أرادوا إعادتها إلى عمان.

ثم أصيبت بخوف حياتها. من خلفهم جاء بيدرو، الذي احتقره زوجها. كان هذا سيخلق مشكلة كبيرة لهم.

لكنها كانت في حالة صدمة أكبر عندما رأت شخصًا خامسًا يدخل. كان شخصًا يرتدي الزي العماني التقليدي ولكن بقبعة مستديرة على رأسه تكاد تغطي وجهه. شعرت بألفة غامضة من هذا الشخص كان الأمر كما لو أنها رأته من قبل. لكن أين كان؟ لم تستطع تحديد المناسبة بدقة.

كان الخمسة جميعهم يتحركون نحوها.

حاولت فهم التعبير على وجوه إخوتها. كان حسين يرتدي ثوبه التقليدي ولديه نظرة غريبة على وجهه. لم تستطع معرفة ما إذا كان الغضب أو المفاجأة عند رؤيتها.

كان عباس، شقيقها المفضل، صورة تعاطف. كان دائمًا متعاطفًا معها. كانت تعلم أنه سيدعمها ويدعم عبد الله حتى لو لم يفعل حسين ذلك.

كان لأحمد كالمعتاد وجه ذو تعبير فارغ. لم يستطع أحد قراءة عقله من وجهه. سيتغير حسب ما يتطلبه الوضع.

لا بد أن بيدرو سمم عقولهم لدرجة أنه سيكون من الصعب جعلهم يفهمون موقفها وحسن نية عبد الله عندما أخذها منهم. كانت

خائفة من هذا الشخص الذي يخشاه زوجها أيضًا. أخبرها عبد الله أن بيدرو سينحدر إلى أي مستوى لتحقيق أهدافه. شعرت بالضعف الشديد للاعتقاد بأن إخوتها قد انحازوا إلى جانب هذا الرجل الخطير.

كان الشخص الخامس ينظر إلى الأسفل وبالتالي لم تستطع رؤية وجهه. حاولت أن تتذكر أين رأت هذا الرجل. إذا تمكنت من إلقاء نظرة على وجهه، كان بإمكانها أن تتذكر. ولكن بدون وجه . . . مرت رعشة من خلال عمودها الفقري.

كان هو . . . ذلك الرجل المجهول الذي أخافها لدرجة أنه أعطاها ليالٍ بلا نوم عندما كان عبد الله بعيدًا عن المنزل. كان قد استخدم سيفه كاد أن يلمس طفلها. بقي البرد الذي شعرت به بداخلها وجعلها بلا حراك. أرادت أن تنادي إخوتها لكن الكلمات رفضت الخروج.

كانت خائفة على طفلها. كيف خططت الغريبة المجهولة أن تكون مع إخوتها الأحباء وتتبعها إلى منزلها ؟ لماذا كان يطارد طفلها ؟ ما هي العلاقة المحتملة بين هذا الرجل وطفلها ؟

أصبح الوضع محفوفًا بالمخاطر. كانوا يقتربون منها، خطوة بخطوة. تم طرح كل خطوة عن قصد كما لو كانت لغرس المزيد من الخوف فيها.

أرادت الدخول إلى المنزل وإغلاق الباب عليهم. لكنها لم تكن قادرة على التحرك. تم لصق ساقيها على الأرض وشعرت كما لو أن حجرًا ثقيلًا كان مربوطًا بساقها. وقفت هناك لدقائق، عاجزة عن الكلام، جامدة.

رأت اليد بالسيف تنبثق من الرجل المجهول الهوية. كان السيف موجهًا نحو بطنها المتورم.

صرخ بيدرو في وجهها. "لن تكوني أمًا لطفل الغش هذا."

"لا"، صرخت بصوت عالٍ وأغمي عليها.

جاء فاسو وليلا يركضان من منزلهما، وسمعوا صرخات فاطمة. وجدوها على أرضية غرفة النوم. كانت فاقدة للوعي وكانت يداها تغطيان بطنها. فحصوا تنفسها للتأكد من عدم حدوث أي شيء غير مرغوب فيه.

عرفت ليلا أن الوقت قد حان. ستلد فاطمة قريبًا وكان عليهم إحضار الطبيب المحلي إلى المنزل.

رشّت الماء على وجهها. فتحت عينيها. لكن العيون بدت فارغة. رفعوها معًا وأعادوها إلى السرير.

بعد أن طلب من ليلا أن تكون مع فاطمة، ذهب فاسو لإحضار الطبيب. منذ أن ذهب عبد الله إلى كانانور، كان عليه أن ينجز الأمور بنفسه من أجل صديقه.

كانت تلك الليلة مليئة بالأحداث.

أنجبت فاطمة طفلاً. كما هو متوقع، صبي لطيف وصحي.

في تلك الليلة وصلت سفينة شحن من مسقط إلى شواطئ كاليكوت. جنبا إلى جنب مع التجار، كانت هناك مجموعة من ثلاثة عمانيين وبرتغالي نزلوا من السفينة وحجزوا أنفسهم في نزل في المدينة.

كانت فاطمة تزداد صحة تحت رعاية ليلى. كانت سعيدة لأنها أنجبت طفلها دون أي مشاكل، كما أرادت لكنها كانت خائفة بسبب أحلامها. لم ترد أي أخبار من عبد الله. مر ما يقرب من أسبوع منذ أن ذهب إلى كانانور وعادة ما كان يجب أن يعود في غضون ثلاثة إلى أربعة أيام. لم يكن لديها أي وسيلة لإرسال معلومات إلى عبد الله عن ابنهما. كان عليها أن تنتظر عودته.

عند رؤية فاطمة القلقة، حثت ليلا فاسو على الذهاب إلى كانانور للحصول على معلومات حول عبد الله. قرروا الانتظار ليوم آخر حتى يعود عبد الله.

أرادت فاطمة أن تسمي ابنها عباس وكانت تسميه أبا. ومع ذلك، قررت الانتظار حتى يعود عبد الله إلى المنزل قبل تسمية الصبي. كان عباس هو اسمها المفضل.

مر أسبوع بعد ولادة فاطمة. سمع فاسو شائعات في الميناء عن العمانيين الثلاثة والبرتغاليين الذين كانوا يتجولون في المدينة كما لو كانوا يبحثون عن شخص ما.

أبلغ فاسو فاطمة بما سمعه. لكنه لم يرهم.

جعلت الأخبار فاطمة قلقة. هل يمكن أن تكون أسوأ مخاوفها قد تحققت ؟ هل كانوا هنا لأخذها من حبيبها عبد الله ؟

شاركت أفكارها مع فاسو وليلا. أرادت منهم أن يعتنوا بالطفل في حالة حدوث شيء ما. وأدى التأخير في عودة عبد الله إلى مزيد من القلق.

مر ما يقرب من شهر. لم ترد أي أخبار بعد من عبد الله. قام فاسو بالعديد من الرحلات إلى كانانور لمعرفة مكان عبد الله، ولكن دون جدوى. في غياب عبد الله، تولى الإشراف على المنزل الذي يجري بناؤه، أراد نقل فاطمة إلى هذا المنزل في أقرب وقت ممكن كما خطط له عبد الله. لكن القدر كان له تصاميم مختلفة لهم.

كان يوماً غائماً. كان فاسو قد عاد للتو من واجبه. رأى ليلى تلعب بسعادة مع ابن فاطمة في منزلهما. أثناء تغيير ملابسه سمع شخصًا يتحدث بصوت عالٍ من منزل فاطمة.

حذر ليلى من الخروج من المنزل وذهب إلى منزل جاره. من النافذة الخلفية، اختلس النظر من الداخل ورأى أن هناك شخصين غريبين في الداخل. كانوا يتحدثون بشكل محموم مع فاطمة. تمكن فاسو من معرفة أنهم كانوا يتحدثون باللغة العربية على الرغم من أنه لا يستطيع فهم اللغة.

،بعد فترة رأى فاطمة تخرج مع الشخصين. من ملابسهم يمكن لفاسو أن يخمن أنهم من المستنقعات العمانية. فوجئ بمدى سهولة ذهاب فاطمة معهم، دون حتى إبلاغه أو ليلى.

ربما لم تكن تريد أن يتأذى الطفل. كانت ستشعر أن هناك بعض المتاعب في التخمير ولا تريد أن يتعرض الصبي للفضح. لقد أشارت إلى مخاوفها لهم.

قرر فاسو متابعتهم على مسافة آمنة. كانوا متجهين نحو رصيف الميناء.

من الأوصاف التي سمعها من فاطمة، خمن أن المستنقعين يجب أن يكونا أخويها-عباس وأحمد، أو ربما كان أحدهما حسين. كان قد علم أن ثلاثة عمانيين وبرتغاليًا قد هبطوا في كاليكوت قبل شهر. اثنان منهم كانا يقودان فاطمة إلى مكان ما، ربما نحو الاثنين الآخرين.

على الرغم من أن الإخوة الثلاثة كان لديهم أسباب للغضب من أختهم، قرر فاسو أنهم لن يؤذوها أبدًا. لكنه لم يكن متأكدًا من رفيقهم. مما تعلمه من عبد الله، البرتغالي، يمكن أن يكون بيدرو ثعبانًا كان عليه أن يكون حذرا من هذا الرجل. وضع فاسو يده على مقبض سيفه، وعلى استعداد لرسمه كلما لزم الأمر.

وكان الفريق الأمامي قد وصل إلى المستودع في الميناء. اختفوا داخل المبنى. ذهب فاسو وراءهم. لم يجرؤ على الدخول من الباب نفسه خشية أن يكون هناك آخرون يحرسون مدخل المتاجر.

سلك الطريق المؤدي إلى الجزء الخلفي من المستودع. ستعطيه النافذة الخلفية رؤية واضحة لما كان يحدث في الداخل. ولكن عندما اختلس النظر إلى الداخل، فوجئ برؤية المستودع فارغًا تمامًا. لم يكن هناك أحد يمكن رؤيته داخل المبنى.

،دخل المتجر، وعصر من خلال النافذة. بحذر، فتش المبنى واستمع إلى أي صوت قادم من أي مكان حوله. لكن الصمت المطلق استقبله. كما لم تسفر عمليات البحث الإضافية خارج المبنى عن أي نتيجة.

لم يكن فاسو شخصًا يتخلى بسهولة عن الأمل. علم أن المغاربة الثلاثة كانوا يقيمون في فندق قريب. تتبع خطواته إلى الفندق لكن الأخبار في الفندق خلقت المزيد من الارتباك أكثر من وضوح القضية برمتها.

غادر المغاربة الثلاثة النزل قبل يومين. كان البرتغاليون قد غادروا المكان حتى قبل ذلك.

بعد خيبة أمله من الأخبار، استدعى بعض جنوده من الجيش لتمشيط المنطقة المحيطة بالمستودع. لكن ما أثار استيائهم أنهم لم يتمكنوا من تحديد مكان أحد.

في تلك الليلة سمعوا أصواتًا قادمة من منزل فاطمة كما لو أن شخصًا ما كان عازمًا على العثور على شيء داخل المنزل. خمنوا أنه يمكن أن يكونوا إخوة فاطمة. لقد تحققت أسوأ مخاوف فاطمة كانوا يعرفون أن الوقت قد حان لهم للخروج من كاليكوت، من أجل سلامة الطفل.

كان من الواضح أن من أخذ فاطمة لم يكن على علم بوجودها. إذا كانت فاطمة قد أفصحت عن أسمائها، لكان هؤلاء الأشخاص قد جاءوا إلى منزلهم أيضًا، بحثًا عن الطفل.

قبل شروق الشمس في اليوم التالي، غادر فاسو إلى كانانور مع ليلا والطفلة. كان يعود للبحث عن فاطمة بعد أن يستقر ليلى في المنزل الجديد في كانانور.

كان ذلك هو الوقت الذي بدأ فيه المغاربة والبرتغاليون معركتهم السرية من أجل التفوق.

النشأة في مالابار

كان أبهاي يكبر بسرعة. كان فاسو وليلا يحميان ابنهما بشدة. كان لديهم وعد للوفاء به.

كان لا بد من تربيته ليكون بارعًا في جميع الصفات.

كان يذهب إلى مدرسة قريبة لتعلم اللغة والثقافة المحلية.

كان مدرس اللغة العربية يأتي إلى منزلهم لتعليمه اللغة العربية ومعها العادات الإسلامية. فوجئت المعلمة بأن ابن فاسو وليلى يجب أن يتعلم الطرق الإسلامية واللغة العربية. أخبروه أنهم يريدون منه أن يكون بحارًا عظيمًا، وأن السفر حول العالم ومعرفة طرق الحياة المختلفة سيجعله في وضع جيد أثناء السفر. كان أبهاي سريع التعلم وتمكن من فهم القرآن بسرعة كبيرة.

أحضر مدرس اللغة العربية مدرسًا آخر يمكنه تعليمه اللغة البرتغالية. إلى جانب اللغة الجديدة، بدأ أبهاي في تعلم الكتاب المقدس وطرق الحياة المسيحية أيضًا.

لكن أهم مهارة كان عليه تطويرها كانت كالاريباياتو. أخبر عبد الله فاسو عن رغبته في وضع ابنه تحت كالاري آسان. لذلك أشار فاسو إلى تسجيل أبهاي في مدرسة كالاري في سن مبكرة جدًا.

كان كالاريباياتو فنًا عسكريًا كان سائدًا في ولاية كيرالا لسنوات عديدة. تعلم المحاربون المحليون بالضرورة كالاريباياتو. استخدمها دعاة كالاريباياتو كمهارة للدفاع عن النفس وعدم مهاجمة أي شخص آخر أو لجناية. كان الطلاب تحت القسم للحفاظ على تقاليد الكالاري طوال حياتهم وعدم جلب العار للكالاري أو سيدهم من خلال الانغماس في الأعمال الخاطئة.

سينضم الطلاب إلى كالاري في سن الثالثة. وقد ساعدهم ذلك على تغذية عقولهم وجسمهم ليكونوا مرنين تمامًا للتصرف بناءً على رد الفعل الانعكاسي.

انضم أبهاي أيضًا إلى كالاري في سن الثالثة.

بينما كانت ليلا تعتني بأبهاي، استمر فاسو في بحثه عن أصدقائه عبد الله وفاطمة. لكن اختفاء الاثنين ظل لغزًا بالنسبة له. على ما يبدو، لم تكن هناك صلة بين الحادثتين. اعتقد فاسو أن إخوة فاطمة أخذوها بعيدًا عن كاليكوت إلى عمان. لم يكن لديه الجرأة للبحث عن أخبار عن مكان وجودها من خلال أشخاص يسافرون بين عمان وكاليكوت خشية أن يتسرب خبر وجود أبهاي معهم. كان لا بد من تربية أبهاي جيدًا وعاد أخيرًا إلى فاطمة وعبد الله بأمان. حتى ذلك الوقت، كان من واجبه أن يرى أنه لا يوجد مصير سيء يصيبه.

كان أبهاي يبلغ من العمر ثماني سنوات عندما أخبر فاسو وليلا لأول مرة عن حلم راوده.

كان قد رأى نفسه يسير على ضفة نهر عندما سمع نداء رجل يبكي طلباً للمساعدة من الجانب الآخر من النهر. يمكنه أن يتذكر بوضوح صوت ذلك الرجل. كان بإمكانه رؤية الإطار الهش لرجل على الضفة المقابلة. لكن لم يكن هناك طريقة لعبور النهر. وتساءل لماذا لا يعبر الرجل النهر ويهرب. ولكن بخلاف التلويح بيديه بشكل محموم، لم يكن يحاول حتى الانتقال من المكان الذي كان يقف فيه. ثم قفز أبهاي إلى النهر. لكنه لم يكن قادرًا على السباحة ضد التيارات القوية وجرفته المياه الهائجة. كان ذلك عندما نهض من نومه.

كان قد رأى الحلم في الساعات الأولى من الصباح وتذكر كل مشهد منه. تساءل عما إذا كان هناك حقًا شخص ما في مكان ما في حاجة إلى مساعدته.

"أبهاي، يجب ألا تفكر كثيرًا في الحلم. إنه مجرد حلم. فقط انسى الأمر. إذا كان هناك شخص يحتاج إلى مساعدتنا، فسوف يأتي إلينا. أو إذا كان هناك حقًا شخص ما في الغابة على الجانب الآخر من

النهر، فسوف يرينا الله يومًا ما الطريق لمساعدته. لذا الآن يجب أن تنسى كل شيء عن حلمك وتركز على دراستك." على الرغم من أن فاسو كان يحاول جعل القضية بسيطة، إلا أنه كان يعلم أن أبهاي سيستمر في التفكير فيها.

بطريقة ما كان لديه طريقة غريبة لرؤية أحداث معينة مقدما.

تذكر فاسو العديد من الحوادث في المدرسة وفي السوق حيث ساعدت قوى أبهاي الاستباقية في تجنب العديد من الكوارث للأطفال وكبار السن. على الرغم من أنه كان يبلغ من العمر ثماني سنوات فقط، إلا أنه كان يتمتع بجسم رشيق بسبب التدريبات في كالاري. في كالاري اعتادوا تدليك جسمه الصغير بالزيت والأعشاب لجعله رشيقًا قدر الإمكان.

كان لديه عقل حاد ويمكنه تحليل الأشياء بوضوح. لم يسمح أبدًا بأن تظل أي مشاكل دون حل. اعتاد على حل جميع النزاعات التافهة في المدرسة. فضل طلاب آخرون الاقتراب من أبهاي لحل مشكلاتهم بدلاً من الذهاب إلى المعلم.

كان لديه تكرار لحلمه وكان يعتقد عقليا أن هناك حقا شخص ما كان في حاجة إلى مساعدته. كان عليه أن يكتشف ذلك. إذا تحدث إلى والده، فلن يسمح له بمتابعة هذا اللغز. لقد شعر دائمًا أن والديه كانا متملكين للغاية وحاميين له وأصر على أن يكون بالقرب منهم في جميع الأوقات.

بدا أنهم يخافون من شخص ما أو شيء ما. لم يسألهم أبدًا عن مخاوفهم بشأنه. كان يعلم أنهم سيخبرونه عندما يكونون مستعدين للقيام بذلك. ويفضل الانتظار حتى ذلك الحين، بدلاً من الحصول على رد سلبي منهم.

كل يوم، بعد دراسته، كان يمشي لساعات طويلة. كل يوم كان يغير اتجاه مسيرته. كان يؤمن بفهم المنطقة التي يعيش فيها المرء فهماً تاماً. هذا من شأنه أن يساعده يومًا ما.

كان هدفه الآخر هو العثور على النهر الذي اعتاد رؤيته في حلمه وتحديد موقع الرجل الذي يحتاج إلى مساعدته. لقد وثق في غرائزه وتصرف وفقًا لذلك. أثناء المشي، سيكون عقله متيقظًا لالتقاط أي حركة صغيرة حوله. كان عليه أن يتأكد من أنه لن يواجه أي شيء أو أي شخص على حين غرة.

كان يسمع قصصًا عن الأعمال العدائية بين المستنقعات والبارانجيس. كان البرتغاليون يدعون محلياً بارانجيس. كان فاسو يحذره دائمًا من الدخول بين المستنقعات والبارانجيس. يجب أن يبقى صراعهم بينهما ولم يكن هناك سبب لتورط السكان المحليين فيه. ومع ذلك، كان المسافرون الوحيدون دائمًا في خطر التعرض للهجوم من قبل الأوغاد من أي من المجموعتين ولم يرغب أبهاي في حدوث ذلك له.

كان حبه للطبيعة سببًا آخر له للمشي لمسافات طويلة. كان يحب دراسة العديد من النباتات والحيوانات في المناطق الكثيفة الغابات.

بحلول الوقت الذي كان فيه في الثانية عشرة من عمره، كان على دراية وثيقة بجغرافيا المنطقة على بعد خمسة وعشرين كيلومترًا من منزلهم. ولكن بخلاف الحلم المتكرر للرجل العجوز الهزيل الذي يصرخ طلباً للمساعدة، لم يستطع تتبع الشخص أو النهر.

ما لم يستطع فهمه هو سبب انتهاء حلمه دائمًا بقفزته في النهر والتيارات القوية التي تسحبه بعيدًا عن الشخص. ربما لم يكن قوياً بما يكفي لمحاربة التيارات المستعرة والوصول إلى الجانب الآخر من النهر لإنقاذ الشخص المضطرب.

حتى الآن كان على يقين من أن هناك بعض العلاقة بينه وبين الشخص في حلمه، لأنه كان يعاني من نفس الحلم مع نفس الشخص، لسنوات عديدة. كان حريصًا على فك تشفير هذا الاتصال. قرر أن يواجه والده وأمه بهذا السؤال الذي كان يزعجه لفترة طويلة. ربما كانوا يعرفون عنه أكثر مما فهمه حتى الآن.

لكن والديه كانا لا يزالان غير مستعدين لإخباره بأي شيء.
كرروا أنه كان عقل أبهاي الشاب ينسج قصصًا من خياله، وأنه في الواقع لم تكن للأحلام أي عواقب. يجب أن يحاول نسيان أحلامه والتركيز على العالم الحقيقي من حوله.

مر الوقت وسرعان ما تلقى أبهاي تدريبًا جيدًا في فنون الدفاع عن النفس بالإضافة إلى دراسات أخرى. اتضح أن عيد ميلاده السادس عشر كان مميزًا للغاية.

احتفل فاسو وليلا بها بطريقة سرية كالمعتاد. لم يريدوا أبدًا أن يعرف الكثير من الناس عن ابنهم. كان الخوف من فقدانه دائمًا في المقام الأول في أفكارهم.

لكن عيد الميلاد السادس عشر كان مهمًا بالنسبة لهم لأنهم قرروا الكشف عن هويته الحقيقية له في ذلك اليوم. بعد الطقوس في المعبد والغداء الاحتفالي، استدعوا أبهاي للجلوس معهم.

وبطبيعة الحال، كان فضوليًا. كان هناك شيء غريب حول الطريقة التي كان يتصرف بها والداه في ذلك اليوم.

"أبهاي، أنت اليوم في السادسة عشرة من عمرك وقد كبرت الآن لتفهم أشياء معينة بطريقة واضحة". بدأ فاسو بصوت حذر. "يجب أن تستمع بهدوء إلى ما نحن على وشك إخبارك به. بمجرد الانتهاء، يمكنك طرح كل شكوكك وسنكون سعداء لشرح الأشياء لك".

أومأ أبهاي برأسه، وتزايد قلقه داخله.

روى فاسو قصة كيف التقيا بفاطمة وعبد الله، والحياة السعيدة التي عاشاها معًا. عندما وصل إلى الجزء الذي اختفى فيه صديقه عبد الله دون أن يترك أثراً، تخلت حنجرته عن يأسه.

شرح فاسو بالتفصيل ولادة ابنهما ووصول إخوة فاطمة من عمان وانتهاء بمغادرتها القسرية من كاليكوت. جف حلق فاسو في ذلك

الوقت. استطاع أبهاي رؤية الدموع تتدفق في عيني ليلا. أدرك مدى ارتباط والديه بهذا الزوج الأجنبي.

عندما أكمل فاسو قصته، سأل أبهاي بلطف. "ماذا حدث للطفل المسكين ؟ إنه لأمر محزن للغاية أنه فقد كلا والديه في وقت مبكر من حياته ".

ثم أسقط فاسو القنبلة لصالح أبهاي. "ابني العزيز، أنت ذلك الصبي، ابن أصدقائنا، فاطمة وعبد الله".

لبعض الوقت كان أبهاي عاجزًا عن الكلام.

ثم فجر الواقع عليه ومع ذلك، غمره وعي جديد. الآن فهم المعنى الحقيقي لحلمه.

الفصل الثامن عشر

كالاريباياتو، فن قتالي قديم

في الأسبوع التالي، شرع أبهاي في رحلته لاكتشاف تتويج حلمه. كان مصمماً على إيجاد نهاية للغز.

حتى الآن، لم يكن مستعدًا للانطلاق بحثًا عن الشخص في حلمه. كان يمكن أن يكون هذا هو السبب في النهاية المفاجئة للحلم. الآن بعد أن عرف سر ولادته، مضى قدمًا بعزم متجدد.

لم يوقفه فاسو وليلا. كانوا يعرفون أن لا شيء يمكن أن يوقف أبهاي بمجرد أن يقرر تنفيذ ما يريد. بدلاً من ذلك، باركوه ورتبوا المواد المطلوبة بما في ذلك الطعام لسفره الطويل.

بدأ رحلته نحو الجنوب وقرر السفر في اتجاه المنبع على طول ضفة نهر كوتيادي. هذا من شأنه أن يأخذه من السهول المفتوحة بالقرب من البحر إلى الغابة الكثيفة عند سفح الجبال. في مكان ما على هذا الطريق، يجب أن يواجه الرجل في حلمه.

لكن أول مكان يجب زيارته هو لوكاناركافو. كان يطيع إله كاداتونادو قبل مواصلة سعيه.

كان عقله مثقلًا بالمعرفة المكتسبة حديثًا عن والديه. لكن الانشغال بأفكار والديه لم يردعه عن اليقظة أثناء السفر. كانت عيناه حادتين لالتقاط الأشياء من مسافة بعيدة وتم تدريب أذنيه على اكتشاف حتى صوت سقوط دبوس.

كان بإمكانه شم رائحة الحيوانات حوله وتجنب مساراتها. ما لم يهاجموا، لم يرغب في الدخول في أي صراع مع الوحوش البرية.

كان يعلم أن العداء بين المستنقعات والبرتغاليين قوي للغاية. وقد شكل كل منهم مجموعات سرية لمحاصرة خصومهم. حذره فاسو من توخي الحذر من هذه المجموعات. يمكن أن يكونوا في أي مكان وفي كل مكان. لقد عملوا بسرية وحتى جيش الزامورين قد سئم منهم.

على الرغم من أن المغاربة كانوا يساعدون الزامورين على تحسين التجارة بين كاليكوت والجزيرة العربية، إلا أنه لم يرغب أبدًا في أن تنمو مجموعات القناصة داخل أراضيه. قاوم محاولات البرتغاليين للوصول إلى مجتمع كاليكوت التجاري. مما دفع البرتغاليين إلى التعاون مع ملوك كوتشي وكانانور.

كان أبهاي يسافر في المنطقة المتاخمة لكاليكوت وكانانور وهذا جعله عرضة لهجمات كل من المستنقعات والبرتغاليين. حذره فاسو من عدم التخلي عن يقظته ولو للحظة.

كان أبهاي واثقًا من قدرته على إحباط أي هجمات مفاجئة على الرغم من أن عقله كان يتسابق لإيجاد طريقة لتعقب الرجل في أحلامه، إلا أن حواسه كانت متيقظة للتعديات الخارجية.

كما هو متوقع، سرعان ما احتشدوا عليه. لم يكن واحدا أو اثنين، ولكن مجموعة من عشرة أو اثني عشر منهم. لقد حاصروه من مظهرهم بدوا مثل المستنقعات. قد تكون الملابس مضللة. لكن ملامح الوجه كانت منبهة. كان هناك فرق ملحوظ بين الغربي والشرق أوسطي. كان لدى العرب ملامح أكثر بروزًا خاصة الأنف الطويل والعينين الداكنتين.

بالنسبة لأبهاي، لا يهم من أين جاء الخصم. كان لا بد من معاملة الخصم بكل استحقاقاته. لا جدوى من التقليل من شأن أي شخص.

واستذكر تعاليم كالاري آسان.

ربط حقيبته حول خصره وجثم، وانتشرت قدميه. هذا الموقف من شأنه أن يساعده في الاندفاع إلى الأمام مع دفع كامل على القدمين.

سحب المغاربة سيوفهم واستعدوا للقتال. ثم سأل الشخص الذي بدا أنه القائد، "من أنت وما الذي يقودك في هذا الطريق حيث لا يخطو أحد عادة ؟"

"أنا أبهاي، ابن فاسو قائد الجيش الخاص لزامورين. أنا في طريقي إلى لوكاناركافو لعبادة إله كاداتونادو ." عرف الجميع أن لوكاناركافو كان المعبد الرئيسي لجميع دعاة كالاريباياتو من كاداتونادو.

يبدو أن اسم فاسو له تأثير كبير على المجموعة. استرخوا وأعادوا سيوفهم إلى غمدهم. تمنى له القائد رحلة ناجحة إلى لوكاناركافو وأفسح المجال حتى يتمكن من المضي قدمًا.

كان أبهاي سعيدًا لأنه لم يكن مضطرًا لاستخدام القوة للخروج من المجموعة. كان يمكن أن يكون مضيعة للوقت والطاقة. لم يرغب في شرح مهمته الحقيقية خشية أن يكون الرجل الذي كان يبحث عنه منافسًا للمستنقعات.

واستمر في رحلته.

مع ذبول النهار لإفساح المجال ليلاً، قرر العثور على مكان آمن للراحة. لم يكن الطريق الذي كان يسلكه مأهولاً بالسكان وسيكون من الصعب العثور على أي نزل على جانب الطريق لقضاء الليل. كان عليه أن يجد قمة شجرة مريحة للنوم دون أن تزعجه الحيوانات أو البشر.

لقد وجد المكان المناسب لقضاء الليل. أسقط حقيبته عند سفح الشجرة لتمديد جسده عندما ظهروا من العدم. كان هناك ثلاثة منهم.

نحيف، ذو وجوه طويلة تحمل السمة المميزة للبرتغاليين أو البارانجيس. كان على أبهاي أن يكون حذرًا. لم يتحدثوا بل هاجموا.

لقد سحبوا سكاكينهم القصيرة بالفعل. لم يكن لديه وقت لإخراج سلاحه. ولكن مع مهاراته في كالاري لم يكن بحاجة إلى أي أسلحة لمواجهة هؤلاء المعارضين الثلاثة.

في تلك اللحظة الوجيزة، استذكر كل خطوة لنزع سلاح رجل مسلح دون أي أسلحة.

قبل أن يغمض أعداؤه أعينهم، قفز وهو مفصول الساقين، أحدهما موجه إلى الرجل على اليسار والآخر إلى الرجل على اليمين. عندما ركلتهم أقدامه على حلقهم، نزل بشدة بكلتا يديه على جمجمة الرجل في الوسط.

أخذ الهجوم المفاجئ المهاجمين المحتملين على حين غرة وسقطوا على ركبهم، وفقدت العقول وعيها. عرف أبهاي أنه على الرغم من أنهم لم يموتوا، إلا أنهم لن يستيقظوا حتى الفجر. كان سيذهب بعيدًا بحلول ذلك الوقت.

غادر المكان على الفور.

مشى ساعة أخرى في الليل. كان سعيدًا لسماع الصوت الموسيقي للمياه المتدفقة. كان النهر قريبًا. كان هذا هو المكان المناسب لأخذ قسط من الراحة.

اغتسل في النهر وتناول طعامه.

وفرت له شجرة قريبة مكانًا جيدًا لأخذ قيلولة، مخبأة عالياً بين فروعها وبعيدًا عن أي مفترسين. بمجرد أن ارتطم بسريره المؤقت، سقط في نوم بلا أحلام.

طلب منه السيد في كالاري مرارًا وتكرارًا التركيز. يجب أن يركز العقل. ما يحدث حوله لا ينبغي أن يصرف انتباهه. ولكن في الوقت نفسه يجب أن يكون متيقظًا لكل ما يحدث من حوله. يجب تدريب العينين والأذنين والأنف على امتصاص أقل اضطراب.

التدليك بالزيت الذي تم القيام به للجسم جعله رشيقًا ومرنًا. زاد رد فعله الانعكاسي عدة مرات.

أعطت المواقف المختلفة ذات الساقين الممدودتين الدافع للقفز على الخصم من خلال رفع نفسه إلى ارتفاع كبير. كانت السرعة مهمة للغاية بحيث لا تعطي أي وقت للخصم لاتخاذ أي إجراء مراوغ.

كانت الأسلحة المختلفة مثل السكاكين القصيرة وأورومي القاتلة، وهي شفرة تشبه السوط، دائمًا على شخصه ويمكن سحبها في جزء من الثانية.

لم ينجر إلى قتال حتى الآن. لم يرغب أبدًا في أن يكون في قتال. في كالاري، كان دائما يخرج أولا في جميع المسابقات وكان حيوان سيده الأليف. لكنه كان دائمًا مستعدًا للقتال. كان يعلم أنه وشيك الحدوث. يمكن أن يأتي الهجوم في أي وقت لأنه كان يدوس المراعي الخطرة.

كان الرجل يصرخ طلباً للمساعدة. كان بإمكانه سماع صرخاته. بدا قريبًا. ولكن بينما كان على وشك القفز إلى النهر للعبور إلى الضفة الأخرى، سحبت الأيدي غير المرئية الرجل بعيدًا.

كان قريبًا، حتى الآن.

لوكاناركافو

يقع لوكاناركافو بالقرب من بلدة فاداكارا، في منتصف الطريق تقريبًا بين كانانور وكاليكوت. كان يرتادها السكان المحليون وكذلك الناس من أماكن بعيدة بسبب أهمية الإله في تقديس فنون الدفاع عن النفس القديمة في كالاريباياتو.

كانت عائلة كاداتونادو الملكية تصلي دائمًا في المعبد قبل الشروع في أي مهمة شخصية أو متعلقة بالمملكة.

كان لديها ميزة فريدة من نوعها تتمثل في وجود ثلاثة أضرحة مخصصة للإلهة دورغا)الإله الرئيسي(، اللورد شيفا واللورد فيشنو.

كان على المصلين الذين تجمعوا في المعبد للصلاة أن يضمنوا نقاء الجسد والملابس والطعام والعقل والكلام.

تم بناء المعبد خلال القرن الثامن. تم تأريخ أن طائفة لوهانا التي هاجرت إلى كيرالا من شمال شرق الهند كانت مفيدة في بناء معبد لوكاناركافو. جاء اسم لوكانار من مصطلح لوهانا. تبعهم الإله دورغا خلال رحلتهم الطويلة إلى الجزء الجنوبي من الهند.

كان آل لوهان تجار الماس وازدهروا في تجارتهم في جنوب الهند. وسرعان ما أصبح المعبد ملاذاً شهيراً للناس من مختلف أنحاء البلاد.

وقيل أيضًا إن لوكاناركافو كانت النسخة المختصرة من لوكامالايااركافو، التي كانت تتكون من بستان لوكام – العالم، وجبل مالا، وآرو – النهر وكافو.

كان الإله الرئيسي يقع على شجرة كبيرة جدًا. لم يتم تحديد أصل الشجرة حتى الآن ولا أحد يعرف اسم الشجرة. عبر الفتحة إلى الحرم الشريف، كانت هناك أشجار بانيان وصنوبر قديمة جدًا في الخارج.

كانت المناطق المحيطة وفيرة بأنواع مختلفة من الأشجار والشجيرات بما في ذلك الأعشاب الطبية.

كانت الغابة المحيطة بالمعبد موطنًا للعديد من الطيور والحيوانات الصغيرة مثل الثعالب والأرانب. جعلت الأصوات الموسيقية للطيور ورائحة الأعشاب التي ترفرف في النسيم محيط المعبد مكانًا مناسبًا للتأمل. حمل الهواء الكثير من الآثار الطبية بسبب الأعشاب في كل مكان لدرجة أن العديد من الناس اعتادوا القدوم إلى المعبد لاسترداد صحتهم بعد المرض المستمر. ساعدت في شفاء الأمراض وزادت من إيمان الناس بقوة الإله.

ستبدأ طقوس المعبد قبل ساعتين من شروق الشمس. بحلول الوقت الذي أفسح فيه الظلام المجال لضوء النهار للاستقرار، كان الجو مليئًا بالتلألؤ المنبعث من مصابيح الزيت المضاءة في كل مكان حول المعبد وداخله. سوف ينتشر عطر الزهور ومعجون خشب الصندل المستخدم لأداء الطقوس على الإله في الهواء، مما يوفر هالة رائعة من الهدوء.

كان هذا هو أفضل وقت للوقوف أمام الإله الذي يصلي من أجل خير البشرية ولجعل جميع البشر يستخدمون الخير فيهم لمساعدة بعضهم البعض. ساعد تأثير الهتافات المركزة للمانترا والتراتيل الطاقات الإيجابية في الغلاف الجوي على الاندماج معًا ودخول عقول الناس. ساهم صدى الموجات الصوتية في خلق الاستقرار العقلي في النفوس الورعة المجتمعة حول المعبد.

كل من دفع طاعته للإله خلال الساعات التي تسبق الفجر سيبارك تلقائيًا بقوة متجددة. لن يعود شخص واحد دون أن يفكر ملياً في القيام بوظائفه بسهولة. كان هذا هو السبب في أن العديد من السكان المحليين بدأوا اليوم بزيارة المعبد.

استيقظ أبهاي مبكرًا جدًا، وبعد الانتهاء من أعماله اليومية، وصل إلى المعبد.

وقف أمام الحرم القدسي يصلي من أجل صحة والديه الجيدة وأيضًا من أجل سلامة أبيه وأمه اللذين لم يلتق بهما أبدًا. من أوصاف فاسو وليلا، كان قد حفر صورًا عقلية غامضة لرجل وسيم وامرأة جميلة.

تساءل في أي حالة سيكونون الآن. إذا سمح له استبصاره فقط بإلقاء نظرة عليهم، فسيكون قادرًا على التعرف عليهم إذا التقى بهم أثناء رحلته. لكن لسوء الحظ، لم يكن عرافًا أو مراقبًا للكريستال.

أخذ أنفاسًا عميقة لاستنشاق الهواء العطري والطبي سيحتاج إلى عقل وجسم نقيين لتعقب الأشخاص الذين يمكن أن يحتجزوا الرجل في حلمه. مع عقله في سلام ويقظ كما كان من قبل، انطلق من لوكاناركافو نحو الشرق.

حثته غرائزه على اتباع نهر كوتيادي نحو غاتس الغربية حيث نشأ النهر. كان عليه أن يتسلق جبل بايامكوتيمالا، مسكن لوكاناركافو.

لم يكن اتباع النهر فوق بايامكوتيمالا مهمة صعبة على أبهاي. ولكن عندما انتقل إلى معبد كوتيور، أصبح الطريق أكثر غدرًا. كان يأمل في إنهاء مهمته قبل الوصول إلى كوتيور. خلقت رؤية الرجل وهو يلوح بيده بينما كان يتم سحبه بعيدًا ارتباكًا في ذهن أبهاي. بدا الأمر وكأن الخاطفين كانوا يبتعدون عن سهول النهر إلى مرتفعات الجبال.

إذا لم يكن قادرًا على اعتراض محجره داخل نطاق كوتيور، فسيصبح الأمر أكثر صعوبة لأن مكان اللقاء المحتمل التالي سيكون ثيرونيللي - على مسافة أبعد في غاتس. لكنه كان مصمماً. لن يعود دون ضمان حرية هذا الرجل من أحلامه. وإلا، فلن يتمكن أبدًا من حل لغز علاقته بهذا الرجل.

كان منشغلاً بمثل هذه الأفكار. لو كانت روحًا عادية، لما سمع حفيف الأوراق في مكان ليس بعيدًا.

التقطت أذناه الصوت الناعم لخطوات تعكر صفو الأوراق المجففة على الأرض، ومثل القط، التقط رائحة مماثلة لتلك التي كان قد واجهها في اليوم السابق.

أصبح متيقظًا في غضون ثوانٍ وحرك ظهره نحو الجذع الكبير لشجرة بانيان. استكشفت عيناه المنطقة التي أمامه في نصف دائرة. مع تغطية ظهره، سيكون قادرًا على مواجهة خصومه من الأمام.

كان هناك ستة منهم ويمكنه بسهولة معرفة أنهم برتغاليون. لم يكن يريد إيذاء أي شخص. لكن هؤلاء الناس لن يستمعوا أبدًا إلى العقل. هاجموا ونهبوا أي شخص آخر غير أقاربهم. كان لا بد من تلقينهم درسًا حتى لا يزعجوا سلام المسافرين الآخرين.

إذا أراد، كان بإمكانه بسهولة تقطيع هؤلاء الرجال إلى الحجم بضربة واحدة من البول. ستسمح له الشفرة المرنة بالوصول إلى أهدافه من مسافة بعيدة. لكنه لم يرغب في إراقة دماء لا داعي لها. يفضل اللجوء إلى تكتيكات كالاري لدرء خصومه.

كان خصومه مسلحين بالسكاكين القصيرة والسيوف الطويلة. إذا أعطاهم فرصة سيطعنونه أو يقطعونه بلا رحمة. ساعدته الدروس التي تعلمها من سيده في اتخاذ قرارات في جزء من الثانية.

مع الزخم الناجم عن دفع أصابع قدميه على الأرض، قفز في الهواء، مستهدفاً الرجلين في المركز. ونزعت الركلات التي استهدفت معصميهما سلاحهما وسقط أبهاي خلف المهاجمين. قبل أن يدركوا ما حدث، انتقل إلى اليسار وطعن الاثنين على أقصى اليسار على جانبيهما بين الأضلاع مع السبابة والأصابع الوسطى الملتوية معًا باستخدام أي من اليدين لكل منهما. لقد أصيبوا بالشلل على الفور منذ أن تم زرع اللقاحات في النقاط الحرجة للجهاز العصبي.

انتقل إلى اليمين وركل في الجزء الخلفي من الرجال العزل بكلتا ساقيه مما تسبب في سقوطهم إلى الأمام وفي هذه العملية، انقلب على نفسه للخلف، وهبط على قدميه بحزم.

استدار اللواءان المتبقيان لمواجهته بسكاكين قصيرة مرفوعة للطعن. مع حركة سريعة، ألقى بنفسه إلى اليسار ورفع كلتا الساقين وأرجحهما في قوس، وضرب أقرب رجل على جانبه الأيسر من الرأس. بسبب الاصطدام، ارتطم رأسه برأس صديقه وسقط كلاهما جانباً وعلى الأرض.

سيبقون بلا حراك لمدة نصف ساعة على الأقل وكان ذلك وقتًا كافيًا لأبهاي للمضي قدمًا في الغابة الشاسعة.

غادر مشهد الصراع، واستأنف مهمته. بمجرد وصوله إلى الغابة الكثيفة، لا يحتاج إلى الحذر من قطاع الطرق. لن يجرؤوا على المغامرة بهذا العمق داخل الغابة خوفًا من الحيوانات البرية. لكن عصابات القناصة لم تخف من تقلبات التضاريس. كانوا مدربين تدريباً جيداً على العيش في جميع المناطق المحيطة المعاكسة.

قبل حلول الليل، كان يصل إلى كوتيور، وإذا كان الحظ معه، فيجب أن يكون قادرًا على إنجاز مهمته خلال الليل.

ولكن مع كل صلاحياته التي يجب تحذيرها مسبقًا، لم يكن قادرًا على فهم المخاطر التي تنتظره.

المواجهة في كوتيور

،انتقل أبهاي. مع انحسار التهديد المباشر من قطاع الطرق المحليين تسابق عقله للحصول على أفكار لإنقاذ الرجل من براثن خاطفيه.

.لم يكن متأكدًا من هو الرجل وأي عصابة كانت ستسجنه
لم يكن متأكدًا حتى من أن الرجل الذي يبحث عنه موجود حقًا. كان يمضي قدمًا في الاعتقاد الراسخ بأن حلمه لن يكون خاطئًا. يجب أن يكون هناك ارتباط قوي بين حياة الاثنين وسيسمح لهما القدر بالالتقاء.

يمكن أن يكون الخاطفون إما مغاربة أو بارانجيس. كان عليه
استخدام تكتيكات مختلفة اعتمادًا على نوع الأشخاص الذين سيواجههم. كان من السهل التعامل مع المستنقعات لأنها دعمت زامورين كاليكوت. لكن البارانجيس كانت مختلفة تمامًا. لقد قتلوا ونهبوا حتى الناس العاديين.

عندما أصبحت الغابة كثيفة، زاد الظلام. على الرغم من أنه
كان نهارًا، إلا أن أوراق الشجر السميكة لم تسمح أبدًا لضوء الشمس بالوصول إلى أرضية الغابة. استمر في التحرك على طول المسار الضيق الذي شكلته حركة الناس الذين يسافرون نحو معبد كوتيور مرة واحدة في الشهر، عندما فتح للصلاة الخاصة. خلال تلك الأيام، كان الناس في قوافل كبيرة من خمسة عشر إلى عشرين يسافرون معًا حتى يتمكنوا من التغلب على أي مشكلة قد يواجهونها في الطريق.

في العديد من الأماكن، نمت الشجيرات بسماكة كبيرة بحيث
لا يمكنها المضي قدمًا. اضطر أبهاي إلى تنظيفها بسكينه، وقطع النباتات لجعل الطريق واسعًا بما يكفي له للمشي. في بعض الأماكن دون أن يكلف نفسه عناء قطع الشجيرات، تأرجح فوق الأشجار مثل القرد، واستمتع بالحركة المتأرجحة. لم يكن في كثير من الأحيان أن يتمكن من ممارسة تقنياته مع التخلي عن المثليين.

بحلول الوقت الذي عبر فيه الجزء الأكثر سمكًا من الغابة ووصل إلى السهول، كانت الشمس قد غربت تقريبًا. في الشفق، كان بإمكانه رؤية المعبد أبعد قليلاً. سيصل قريبًا إلى المعبد. كان بإمكانه رؤية أضواء المصابيح مضاءة في المنازل القليلة المتناثرة حول المعبد. هؤلاء هم الأشخاص الذين عاشوا مع ما تلقوه من الأعمال المنزلية التي يؤدونها في المعبد. سيكونون جميعًا فقراء ولكن أرواحًا متدينة.

كان المعبد على الضفة الغربية لنهر بافالي، أحد روافد نهر كوتيادي. كان هذا المعبد يسمى معبد إيكاري، إيكاري يعني "هذا البنك".

على الجانب الآخر من النهر، كان هناك معبد آخر كان يعرف باسم معبد أكاري يعني المعبد على الضفة الأخرى. سيتم فتح معبد أكاري مرة واحدة فقط في السنة. لم يكن من السهل عبور النهر للوصول إلى الضفة الأخرى. كان النهر مليئًا بالتماسيح. تم بناء جسور مؤقتة في ذلك الوقت من العام عندما فتح المعبد لأتباع الإله المتحمسين.

كان على أبهاي معرفة ما إذا كان سيجد معنى حلمه في كوتيور. إذا كان الأمر كذلك، فأين يمكن أن يحتجز الخاطفون الرجل؟ كان عليه أن يفكر بشكل منطقي لإيجاد طرق للتعرف على المحجر ومخبأهم. لن يخاطر بالبحث عن الطعام في المنطقة أثناء الليل. بدلاً من ذلك، كان بإمكانه قضاء الليل في المعبد كما لو كان أحد هؤلاء المسافرين الأتقياء الذين يسافرون من المدينة إلى القرية، بحثًا عن بركات إله معبد كوتيور ـ اللورد شيفا القوي.

كان يعبد اللورد شيفا في شكله الشامل كمدمر للشر. إذا كان غاضبًا، فاحذر كل الشرور، لئلا تفتح عينه الثالثة، وتبتلع كل شيء أمامه في نار جهنم.

بعد قدر كبير من التفكير، قرر أبهاي أن أفضل طريقة للعثور على من يريد هي جذبهم إليه. كان عليه أن يعلن أنه جاء بحثًا

،عن هؤلاء الرجال. إذا انتشرت أخبار عن وجود وافد جديد في المدينة فقد يحاولون التصدي له.

انتعش في بركة المعبد. ساعد الماء البارد في البركة على التخلص من تعبه من السفر.

.الآن كما كان من أي وقت مضى، دخل المعبد. كان الغسق

ابتعد ضوء النهار، مما سمح للظلام بالاستقرار في كل مكان. مع غروب الشمس، تستنفد الإيجابية وتحاول الطاقات السلبية السيطرة على الغلاف الجوي.

ولكن داخل المعبد، كانت الطقوس التي تؤدى أثناء الغسق تنبعث منها المزيد من الإيجابية للمحيط. أضاء المعبد بمصابيح زيتية. كان حامل المصباح الطويل المصنوع من الصخور السوداء، المقطوع من الجبل، يحتوي على عدة طبقات من المصابيح. مع إضاءة جميع المستويات، كان يشبه بداية الجحيم.

داخل المعبد، أمام الإله مباشرة، وبصرف النظر عن المصابيح المعلقة، كان الكافور مضاء بوفرة. انتشر العطر من الكافور المحترق، مما دفع جميع الطاقات السلبية من المنطقة المحيطة.

كان الناس الذين يقفون أمام الإله-يرددون التراتيل، التي تستمر أجيالًا بعد أجيال، مفتونين بمجد الإله الذي كان مزينًا بالكامل بعجينة خشب الصندل ومجموعة متنوعة من الزهور. اندمجت رائحة الزهور والزيت وخشب الصندل والفيرميليون والكافور معًا لتهدئة ضمير الحشد المتجمع في المعبد وحوله.

انبثقت الهالة التي تلت ذلك من الحرم الداخلي تألقًا لا يمكن تعريفه بالكلمات. كان لا بد من تجربتها. وعندها فقط يمكن للمرء أن يفهم ويستمتع بالمجد الكامل للأجواء. كانت الطاقة الإيجابية المنبعثة من الغلاف الجوي اللطيف تميل إلى صقل عقول الناس المجتمعين حولها.

وقف أبهاي أمام الإله وراحتا يده ممسكتان معًا، وعيناه مغمضتان، وركز على شخصية اللورد شيفا الراقصة في ذهنه. تصف الأساطير الهندوسية الرقصة بأنها رقصة تاندافا نريثام التي قام بها اللورد شيفا لإخراج الغضب داخله لتدمير الشر. كان هذا يسمى رودرا تاندافا.

تتحدث الأساطير الهندوسية عن تاندافا نريثام كتجسيد للمبادئ الأساسية الخمسة للطاقة الأبدية -الخلق والحفظ والتدمير والوهم والتحرر. كان اللورد شيفا في سيارته رودرا تاندافا نريثام سيولد الكثير من الطاقة التي تم توزيعها في جميع أنحاء العالم. تُرك للبشر امتصاص هذه الطاقات من خلال التركيز على المهمة المطروحة بنقاء الجسد والعقل.

كان أبهاي يقوم بعمل رودرا تاندافا نريثام في ذهنه وكان يتوق لمقابلة خصومه في أي لحظة.

كان يشعر أن بعض الناس ينظرون إليه. كان البعض فضوليين والبعض الآخر أكثر من فضوليين. ثم ظهر الكاهن مع الثيرثام أو الماء المقدس في كندي برونزي صغير - وعاء له فم صغير بفوهة طويلة، وطبق من الزهور ومعجون خشب الصندل والرماد من حرق الكافور.

بينما كان الكاهن يميل اللطيف لصب الماء المقدس في أيدي أبهاي المحجوبة، قال: "يبدو أنك جديد هنا".

كانت تلك هي اللحظة التي كان ينتظرها بالضبط. أجاب: "نعم. أنا قادم من كاليكوت، أبحث عن رجل عجوز. لقد اختفى من مكاننا منذ بعض الوقت، وقد فهمنا أنه في مكان ما حول كوتيور".

أجاب الكاهن: "لم أر أي غرباء هنا في المعبد." "لكنه قد يكون في مكان ما حول القرية. ربما لا يستطيع المجيء إلى المعبد لسبب ما. لماذا لا تتحدث إلى بعض كبار السن في القرية ؟ المجد لك لإنجاز مهمتك".

وشكر الكاهن وأكد له أنه سيلتقي بأهل القرية. خرج من المعبد وسار نحو القرية. من زاوية عينه كان يشعر بوجود شخصين أو ثلاثة يتبعونه. لم يكن متأكدًا مما إذا كانوا يتعقبونه. لكنهم كانوا يسيرون على مسافة آمنة خلفه حتى لا يثيروا أي شكوك.

في الطريق، التقى باثنين من كبار السن يمشيان وتوقف للاستفسار عن الرجل العجوز الغريب. لكنهم لم يروا أي شخص يطابق الوصف. بينما توقف، مضى أحد الثلاثة في تعقبه. لكن الاثنان الآخران بقيا في الخلف، يمشيان بوتيرة حلزونية. قرر أن يكون حذرا من هذين الاثنين. ربما، إذا سمح لهم بالاقتراب منه، فقد يقودونه إلى محجره. على الأقل الآن كان على يقين من أن مهمته يمكن أن تجد حلاً في كوتيور.

كان هناك المزيد من الناس قادمين من القرية نحوهم. تجاوزه بعضهم، ربما إلى المعبد. لكن ثلاثة منهم توقفوا على مسافة منه كما لو كانوا ينتظرونه للوصول إليهم. كان يعلم أن الوقت قد حان للعمل. كان لديه اثنان في الخلف وثلاثة في الأمام.

كان عليه أن يخوض معركة ثم يسمح لهم بأخذه إلى قائدهم. كانت هذه أسهل طريقة للوصول إلى مخيمهم. ولكن إذا لم يكن لديهم نية لأخذه على قيد الحياة، فإن هذه الخطة لن تنجح. كان عليه أن يقف على أصابع قدميه لمواجهة تكتيكات العدو.

عندما علموا أنه لا يوجد سوى ستة منهم في تلك المنطقة، أخرج الرجال الذين أمامهم سيوفهم وواجهوا أبهاي. كان الرجال الذين يقفون خلفه مسلحين أيضًا. اقتربوا منه ببطء وسأل أحدهم، "ما الذي أتى بك إلى هنا ؟"

تظاهر بالدهشة ورد، "تمامًا مثل أي حاج، جئت أيضًا للصلاة إلى الرب شيفا. ما الذي يهمك في ذلك ؟"

"أنت لا تبدو وكأنك حاج. أنت بالتأكيد محارب. لقد أرسلك الزامورين لمهاجمتنا." سخر القائد.

لماذا يجب على الزامورين التصدي لك ؟ لديه العديد من" الأشياء المهمة الأخرى للقيام بها. لماذا تخاف من الزامورين ؟" قرر أبهاي أن يواكب ذلك.

نحن لسنا خائفين من أي شخص. لكننا لا نحب أن يغمس" أي شخص رأسه في شؤوننا. لدينا مهمتنا الخاصة لإنجازها ولا نحتاج إلى أي تدخل من أي شخص ." استمر القائد في التأكد من تفوقه.

ليس لدي وقت لأضيعه في التحدث إليك." أراد أبهاي" اختصار هذا الحديث والبدء في العمل. بدأ يمشي إلى الأمام.

كان ذلك عندما رأى أن جميع المعارضين قد سحبوا أسلحتهم. كانوا يحملون سيوفًا طويلة. لم يكن يريد قتالًا بالقرب من مبنى المعبد.

Poozhikkadakan قرر خداعهم. عُرفت الخدعة باسم أو رفع غطاء الغبار. بدأ يحرك قدميه في دوائر وبالتالي رفع الغبار في كل مكان. سرعان ما كان مغطى بالكثير من الغبار لدرجة أن الآخرين لم يتمكنوا من رؤيته.

ثم قفز. عادة، يمكنه القفز إلى الارتفاع المكافئ لارتفاع شخصين أو ثلاثة أشخاص. ذهب فوق رؤوس الناس أمامه وهبط على مسافة جيدة. من هناك سار بشكل عرضي إلى الأمام. كان يعلم أن خصومه سيتبعونه بمجرد أن يهدأ الغبار ويمكنهم رؤية بعضهم البعض.

تحرك ببطء. كان يعد نفسه للقبض عليه من قبل هؤلاء الرجال. من زاوية عينه كان بإمكانه رؤية الرجال الخمسة يقتربون منه بسرعة. كان انتباهه مركزًا بالكامل على الرجال الذين يتبعونه، ولم يلاحظ ما كان قادمًا من الأعلى عندما كان تقريبًا تحت شجرة النيم.

فاجأته الضربة على جانب رأسه. سقط جانباً، فاقد الوعي.

الوحي عند الفجر

عندما فتح أبهاي عينيه، وجد نفسه في كوخ مغلق. كان الجو مظلمًا في الداخل. استغرق الأمر بعض الوقت حتى تتكيف عينيه مع الضوء الخافت الذي يتسرب من الخارج. قدر مساحة الغرفة بحوالي ستة أقدام مربعة، وهو ما يكفي لشخص واحد. كانت يداه مقيدتان خلفه وكان في وضع القرفصاء. كانت قدميه مربوطتين أيضًا بحبال قوية.

لم يكن سكينه القصير وأورومي على جسده. من المفهوم أنهم نزعوا سلاحه.

خمن أنه كان في معسكر العصابة التي أسرت الرجل العجوز. كان عليه الخروج من الكوخ للبحث عن الرجل. قبل أن يعرف الآخرون عن هروبه من الكوخ، كان عليه أن يهرب مع الرجل. كان يحاول تجنب إراقة الدماء إلى أقصى حد ممكن. ولكن، إذا لزم الأمر، فإنه سيستخدم القوة المفرطة.

حاول أن يرخي ذراعيه خلفه، لكن كلما حاول أكثر، أصبح أكثر إحكامًا. تذكر ما علمه إياه السيد في كالاري حول كيفية الخروج من مثل هذه المواقف العصيبة.

أخذ نفساً عميقاً، وسحب بطنه إلى الداخل. أصبح تقريبا مثل لوحة مقعرة ذات حواف رقيقة. جاء تمرين التنفس الشديد في كالاري في مصلحته. مع هذا التمرين، يمكنه تقليص جسده لدرجة أنه يمكنه تحريك يديه المقيدتين ببطء أسفل ساقيه، وبالتالي تمكينه من إخراج يديه من تحت قدميه وإحضارهما إلى الأمام. مع إنجاز الجزء الأول، استخدم أسنانه لفك العقدة. أفسح الحبل السري الطريق لأسنانه القوية. كانت يداه حرة.

كان رأسه يؤلمه حيث ضربوه، ربما بكيس من الرمل.

انتظر لفترة من الوقت للتعود على الأجواء المملة داخل الكوخ. كان ضوء القمر يأتي من خلال ثقوب في قماش الخيمة. كان

عليه أن يبحث عن أسلحته أولاً ؛ كانت ستفيده في معركته مع رجال العصابات.

على جانب واحد من الكوخ، بعيدًا عن المدخل، كان هناك حافة ؛ أعلى الأرض قليلاً. لم يكن هناك شيء على الحافة. بناءً على الحدس، وضع أبهاي يده تحت الحافة وتمت مكافأته على الفور. حصل على سكينه وأورومي.

كان يرتدي الذراعين تحت قماشه.

توجه إلى الباب وخرج بعناية من الكوخ. كان بإمكانه الخروج من عدة أكواخ. قد يكون هذا مكانًا مؤقتًا للاختباء أنشأته العصابة. كان عليه أن يبحث عن والده. اختلس النظر من باب كل كوخ واحدًا تلو الآخر. على ما يبدو، كان الجميع نائمين.

لا يمكن تركه دون حراسة. سيكون هناك بعض الحراس في الموقع. لكن هذه ستكون عند مدخل المخيم. كانت محاطة بالغابات ولم يكن عليهم القلق من أي هجوم من هناك. إذا جاء أي شخص على الإطلاق، فسيستخدم التصريح الموجود في المقدمة.

كان قد فتش نصف المخيم بحلول الوقت الذي وصل فيه إلى محيط الحارس الأول. تحرك خلسة خلف الرجل الذي يحرس المدخل وأمسك به من الخلف، وهو يغطي أنفه وفمه. مع لفة واحدة من الرقبة "أسقطه فاقدًا للوعي. قال لنفسه: "لا قتل.

تذكر كلمات سيده. لا تدمر حياة أي شخص ما لم يكن ذلك ضروريًا للغاية من أجل إنقاذ حياة الآخرين.

شعر ببعض الحركة من وراء الأكواخ. استدار ودار حول الأكواخ إلى الفناء الخلفي للمخيم. كان بإمكانه معرفة أنه كان في مسكن مجتمعي منفصل أو مخيم مؤقت، بعيدًا قليلاً عن قرية كوتيور. ربما كانت العصابة التي اختطفت الرجل العجوز ستبني هذا المخيم.

خلف المنازل كان نهر بافالي يتدفق بشكل مهيب. كان قد سمع عن معبد أكاري على الجانب الآخر من نهر بافالي. تم فتح المعبد

مرة واحدة في السنة. استنتج أنه سيكون هناك جسر في مكان ما على طول هذه المنطقة لعبور النهر، مما يؤدي إلى المعبد. ربما كان شخص ما يحاول التحرك عبر النهر في الليل. لا بد أنه سمعهم يمشون فوق الأوراق الجافة المتناثرة حول الأرض.

شعر أن محجره يمكن أن يهرب. لكن عبور النهر في الليل سيكون خطيرًا. خطوة واحدة خاطئة والتماسيح الجائعة ستلتهم الإنسان غير المحظوظ.

سارع بصمت نحو النهر. كان بإمكانه رؤية صورة ظلية لشخصين في المقدمة، بعيدًا عن الأكواخ وأقرب إلى النهر. بدا أن شخصًا ما كان يسحب الآخر خلفه، كما لو كان الرجل الثاني غير راغب أو غير قادر على المشي.

تقدم أبهاي أقرب إلى النهر. الآن يمكنه أن يتبين أن الشخص في المقدمة كان بارانجي ذو الوجه الطويل النموذجي وملامح الوجه الحادة لتلك العشيرة. كان يسحب رجلاً آخر، أضعف نسبياً، خلفه نحو النهر.

كان يخشى أن يسقطوا في النهر. لا أحد يستطيع إنقاذهم في حالة سقوطهم. إما أن تأخذهم المنحدرات بعيدًا بسرعة كبيرة أو ستستمتع التماسيح بعشاء جميل. بدوا وكأنهم يكتشفون شيئًا غبيًا دون النظر إلى النهر العميق.

تحرك إلى الأمام ثم رأى إلى أين يتجهون. كان الجسر المعلق أمام الثنائي. كان الجسر مصنوعًا من جذع واحد مع أربعة مستويات من الحبال على كل جانب. كان على الشخص الذي يعبر أن يمشي على الجذع، متشبثًا بالحبال على كلا الجانبين مثل الدرابزين. يمكن أن تؤدي خطوة واحدة خاطئة إلى نهاية سريعة جدًا للشخص.

تحرك أبهاي بسرعة نحو هدفه.

رآه الخاطف. زأر بالبرتغالية. "لا تقترب مني. إذا اقتربت فسأسقط هذا الرجل في الماء."

عرف أبهاي أن الرجل كان يعني ما قاله. تسابق عقله للتوصل إلى فكرة لإنقاذ الأسير. كان على مقربة من طرف الجسر وكان الثنائي أمامه في المنتصف.

قبل أن يتمكن من فعل شيء ما، سمع أصواتًا خلفه. صرخ أحدهم. "من الأفضل أن تتوقف حيث أنت وإلا سنضطر إلى استخدام القوة."

استدار أبهاي ليجد حوالي عشرة محاربين متوافقين مع الأسلحة المسحوبة. يمكن أن يكونوا مؤيدين للبارانجي، الذين أسروا الرجل العجوز. لم يكن هناك وقت للتفكير. كانوا يقتربون منه وسيوفهم موجهة إليه مباشرة.

في ومضة، أخرج أورومي وقطع في قوس. وجد الأورومي علامته وأصبح نصف المحاربين غير مسلحين. سحب الأورومي للخلف وتأرجح مرة أخرى. هذه المرة استهدف أرجل الأشخاص الخمسة المتبقين. مع قطع النصل، سقط المحاربون إلى الوراء.

مرة أخرى أومض الأورومي وسقط الآخرون أيضًا. مع انحسار تهديد المحاربين في الوقت الحالي، التفت نحو الجسر. بحلول ذلك الوقت، وصل الثنائي إلى الطرف الآخر من الجسر تقريبًا.

دهس جسر الخشب. حركته جعلت الجسر يتأرجح بشكل خطير، وبالتالي توقف آسر الرجل العجوز لاستعادة توازنه. تمسك الرجل العجوز أيضًا بالحبال الجانبية حتى لا يسقط في النهر. تحرك أبهاي بشكل أسرع نحوهم.

استعاد البارانجي وضعه ونادى: "لن أتردد في دفع هذا الرجل إلى النهر. لا تجرؤ على الاقتراب مني."

كان على أبهاي أن يجازف. كان يعلم أن الرجل العجوز كان معلقًا من خلال التمسك بالحبال بإحكام شديد. حتى لو تم دفعه من الجسر، يجب أن يكون قادرًا على التمسك بالحبال. وهذا من شأنه أن يعطي وقتا كافيا له لطرد البارانجي وسحب الرجل.

اتخذ قراره في ثوانٍ، تحرك للأمام بسرعة. عندما كان بالقرب منهم، دفع البارانجي الرجل العجوز نحو النهر. مد أبهاي يده في الوقت المناسب لإمساك يد الرجل العجوز وسحبه بعيدًا عن الرجل الآخر.

مع تمسك يديه بالهواء، فقد البارانجي توازنه وسقط للأمام. نظرًا لأن أبهاي كان يساعد الرجل العجوز على البقاء على الجسر، لم يستطع مساعدة البارانجي الساقط. بلا حول ولا قوة، شاهد الرجل يعبر الجسر، إلى نهر بافالي المتدفق بسرعة. في ثوانٍ، اختفى في الماء المتسارع.

أبعد أبهاي عينيه عن الرجل الساقط ثم ساعد الرجل العجوز ببطء على العودة عبر الجسر إلى جانب إيكاري من النهر.

كان المحاربون الذين كانوا على وشك مهاجمة أبهاي يهتفون له الآن وهو يخرج من الجسر مع الرجل العجوز معه. بدا أنهم اعتقدوا أن أبهاي كان يحرض البارانجي. لكنهم الآن كانوا على يقين من أنه كان إلى جانبهم وكانوا سعداء لرؤية الرجل العجوز يعود بأمان.

كانت الشمس قد أشرقت في الأفق. كان الفجر والأشعة تسقط على وجوه الناس الذين تجمعوا هناك. في الضوء الخافت، استطاع أبهاي أن يرى أن الرجل العجوز لم يكن عجوزًا حقًا، لكنه بدا كذلك لأنه كان ضعيفًا ومتعبًا للغاية، ربما بسبب الإجهاد الناجم عن احتجازه من قبل البرتغاليين. لا بد أنه مر بمحنة قاسية لسنوات عديدة.

طلب منهم المحاربون أن يتبعوهم إلى المخيم. ساعد أبهاي الرجل على المشي معه. كان الرجل ضعيفًا جدًا وعديم الوزن تقريبًا. كان بإمكانه حمله بسهولة بدلاً من إجهاده للمشي.

لكن الرجل أراد أن يمشي. كان يرمش بعينيه للتكيف مع التغيير من الظلام إلى نور الفجر.

ثم رفع الرجل وجهه ونظر إلى أبهاي. توهج وجه أبهاي في أشعة الشمس المشرقة. بدا وكأنه تمثال برونزي لإله في تألق الفجر. فتحت عينا الرجل بالكامل وألقت نظرة مفاجئة على وجهه.

فتح فمه وتذمر، "يا فاطمة"... وانهار.

بارانجيس ومورس

كانت البلاد مليئة بشائعات عن حرب القناصة بين البارانجيس والمستنقعات. لقد أنشأوا مجموعات سرية للقضاء على بعضهم البعض.

كان السبب الرئيسي للتنافس هو النضال من أجل التفوق في التجارة. كانت مالابار تصدر الفلفل والهيل والزنجبيل والقطن بشكل رئيسي إلى الصين والدول العربية وكانت تستورد الذهب والفضة والنحاس والزئبق والزنك والحرير والسيراميك. أراد الأوروبيون الدخول في هذا العمل المربح، وما لم يهيمنوا على العرب، لم يكن لديهم فرصة تذكر في المنطقة.

في عام 1498، وصل فاسكو دا غاما من البرتغال إلى شواطئ مالابار وتبعه الكثيرون من البرتغال خلال السنوات التالية.

على الرغم من أن ملك كانانور فضل البارانجيس، إلا أن زامورين كاليكوت احتقرهم. كان لدى المغاربة علاقة جيدة جدًا مع متداولي كاليكوت.

لم يكن القتال مكشوفًا. قاتل البارانجيس والمستنقعات خلف الكواليس كان البارانجيس مجهزًا جيدًا بالبنادق بينما كان على المغاربة اللجوء إلى الأسلحة المحلية مثل السكاكين والسيوف. انتهز العديد من المغاربة الفرصة للحصول على تدريب في فنون الدفاع عن النفس، مما ساعدهم على هزيمة خصومهم في مناسبات عديدة.

هبط بيدرو في كاليكوت في عام 1500 مع بعض العمانيين الآخرين، واختفى من الميناء للانضمام إلى أصدقائه في الصراع. لكن هدفه كان مواجهة غلاوبر المعروف باسم عبد الله، عدوه اللدود. كان عليه أن يتعقب غلاوبر من أجل النجاح في تصاميمه الملتوية.

في ذلك اليوم المشؤوم، كان عبد الله يعود إلى كاليكوت بعد إحدى رحلاته المنتظمة إلى كانانور. غير مدرك للأحداث في كاليكوت، كان عقله مشغولاً بأفكار فاطمة وطفله الذي سيولد قريباً. حتى عندما سافر بعيدًا عن فاطمة، كان عقله في حالة راحة لأنه كان يعلم أن فاسو وليلا سيعتنيان بها جيدًا. كان موعد توصيلها على وشك الانتهاء. لقد وضع خططًا لكيفية تربية طفلهما.

لم يلاحظ أبدًا المستنقعات التي انقضت عليه وأخذته سجينًا دون إعطائه فرصة لخوض معركة. حاول التحدث إليهم، لفهم سبب غضبهم. لكنهم كانوا جميعًا صامتين. تم اقتياده إلى معسكر للمور داخل الغابة على ضفة نهر كوتيادي.

أمضى عدة أشهر هناك. أخذته المستنقعات ليكون بارانجي من ملامحه. لم يردوا على استفساراته ولم يشرحوا سبب إحضاره إلى المخيم. كانوا ينتظرون. ثم في أحد الأيام، جاء زعيمهم من كاليكوت إلى المخيم.

كان محمد في كاليكوت لفترة طويلة. جاء من العراق إلى كاليكوت واستقر هناك، وتزوج من فتاة محلية. كان أحد قنوات الاتصال الرئيسية بين التجار في كاليكوت والعرب. كان يساعد المغاربة سراً لمحاربة البارانجيس.

تحدث محمد مع عبد الله. أراد محمد معرفة مكان وجود البارانجيس الأخرى في تلك المنطقة. استطاع عبد الله أن يفهم من محمد أنه محتجز للحصول على معلومات حول تحركات البارانجيس.

تمكن عبد الله من إقناعه بأنه لم يكن أحد البارانجيس وكان يقيم في كاليكوت مع زوجته فاطمة. كمرجع، أخبر عبد الله محمد عن أصدقائه فاسو وليلى أيضًا.

وافق محمد على التحقق من القصص التي سمعها من عبد الله والعودة في غضون أسبوع. مع ذلك غادر إلى كاليكوت واستمر عبد الله في المخيم. ولكن بعد تفاعله مع محمد، تم تزويده بتسهيلات أفضل من قبل المغاربة حتى أنهم بدأوا في التفاعل معه.

كما وعدت، عاد محمد. لكنه كان لديه أخبار سيئة. شعر عبد الله بالحزن عندما سمع أن فاطمة لم تعد في منزلهم وحتى فاسو وليلى اختفيا. لم يكن لدى أحد أي فكرة عما كان يمكن أن يحدث لهم. كانوا يعرفون أن فاطمة قد أنجبت طفلاً. لكن لم يكن هناك أي أخبار عن الصبي.

سمعوا شائعات بأن بعض العمانيين جاءوا إلى كاليكوت وأخذوا فاطمة وابنها. ولكن فيما يتعلق بفاسو وليلا، لم يكن لديهما أي أخبار على الإطلاق. في صباح أحد الأيام الجميلة لم يعودوا في منزلهم. كما أكد السكان المحليون لمحمد أن عبد الله أيضًا كان مفقودًا لعدة أيام قبل اختفاء فاطمة. من وصفهم لعبد الله، تمكن محمد من التأكد من أن سجينه هو عبد الله نفسه.

لم يرغب محمد في احتجاز عبد الله أكثر من ذلك. لكنه وعد بأن عبد الله يمكنه الاعتماد عليه وعلى فريقه للحصول على أي مساعدة في أي وقت. طلب منه محمد أن يكون ضيفه لهذه الليلة ووافق عبد الله. ليلة أخرى لن تهم. كان يغادر المخيم في الصباح الباكر.

لكن القدر كان له تصاميم مختلفة لعبد الله.

في تلك الليلة، هاجمت عصابة من البارانجيس مخيم المغاربة.

كان الهجوم غير متوقع لدرجة أنه قبل أن يتمكن المستنقعات من التجمع معًا لمحاربة المهاجمين، قُتل العديد منهم. تمكن البعض من الفرار. ومع ذلك، تم أسر عبد الله الأعزل مع بعض المستنقعات الذين كانوا إما لا يزالون على قيد الحياة أو لم يتمكنوا من الفرار.

أخذ البارانجيس عبد الله المدمر في رحلة طويلة إلى مخيمهم داخل الغابة وبعيدًا عن ضفاف نهر كوتيادي. أبقى البارانجيس المستنقعات على قيد الحياة وكسجناء، للحصول على معلومات حول معسكرات المستنقعات الأخرى. بمجرد أن تأكدوا من أن المستنقع لن يكون ذا فائدة أخرى لهم، أعدموه بصمت.

اعتقد عبد الله أيضًا أن نهايته كانت قريبة. لم يكن لديه أي علم عن المستنقعات. لم يشارك أبدًا في أي من التنافس بين البارانجيس

والمستنقعات. كلما رغب في معرفة مكان فاطمة وابنه، زاد اكتئابه مع العلم أنه كان على وشك وفاته.

ولكن بعد ذلك لدهشته القصوى، ظهر خصمه اللدود في المخيم وأثبت أنه منقذته من فكي الموت الوشيك.

وصل بيدرو إلى المخيم. كان قد طلب مساعدة البارانجيس المتحارب، للبحث عن جلوبر وبالتالي وصل إلى معسكر البارانجيس. ولسعادته التقى غلاوبر هناك. سيكون من النادر أن نقول إنه كان سعيدًا. شعر بسعادة غامرة. الآن يمكنه وضع خطته موضع التنفيذ.

كان عليه أن يخطط للهروب بأكمله من مالابار بدقة. وإلا فقد يقع في أيدي المستنقعات أو يتم القبض عليه من قبل محاربي زامورين. لم يكن من السهل مغادرة شواطئ مالابار. اضطر إلى تهريب غلاوبر فعليًا في سفينة ما متجهة إلى ماليندي. كان هدفه هو العودة إلى ماليندي مع غلاوبر.

لم يتمكن من المغادرة مع البرتغاليين لأن غلاوبر تمكن بسهولة من إقناع المتداولين ببراءته وإلقاء القبض على بيدرو بدلاً من ذلك، أو على الأقل ضمان نقل الاثنين إلى لشبونة للمحاكمة.

لم يستطع المغادرة مع المستنقعات لأن المستنقعات لا ترى وجهاً لوجه مع أي برتغالي. علاوة على ذلك، مع لغته العربية بطلاقة، يمكن لغلوبر إقناعهم بسهولة بهويته كعبد الله، وهذا من شأنه أن يبرر وفاة بيدرو.

لذلك، اضطر بيدرو إلى البحث عن سفينة هندية تبحر إلى ماليندي، ويفضل أن يكون ذلك أيضًا من ميناء آخر غير كاليكوت.

طلب بيدرو من رفاقه في المخيم توخي الحذر مع عبد الله حتى عودته. لم يكشف لهم عن الاسم الحقيقي لعبد الله خشية أن ينتابهم الفضول حول علاقتهم.

ترك بيدرو عبد الله في المخيم، وغادر بحثًا عن طرق لتحقيق مخططاته.

استمر عبد الله في العيش في المخيم، مما أفسد حظه السيئ وأصبح أكثر اكتئابًا مع أفكار عائلته. لقد فقد كل الأمل عندما لعبت معه لعبة القدر مرة أخرى، ولكن هذه المرة لصالحه.

كانت ليلة كان فيها كل شيء هادئًا وكان جميع سكان المخيم نائمين بسرعة. كان هناك الحراس المعتادون عند المدخل. لم يشك أحد في حدوث أي شيء غير مرغوب فيه. لكنه كان مثل الهدوء قبل الإعصار.

هاجم المغاربة المخيم. هذه المرة، تم أخذ البارانجيس على حين غرة. على الرغم من أنه تم سحبهم من نومهم، إلا أن الرجال الشجعان قاتلوا بكل ما يمكنهم وضع أيديهم عليه. قُتل العديد من البارانجيس في المعركة التي تلت ذلك. عانى المستنقعات أيضًا من خسائر. في النهاية، استولى المغاربة على المخيم. تم إغلاق عدد قليل من البارانجيس، الذين كانوا لا يزالون على قيد الحياة، في سجونهم الخاصة.

قاد محمد الهجوم وتعرف على عبد الله، وبالتالي أنقذه.

أبقاه محمد على اطلاع بآخر الأخبار من كاليكوت. كان البرتغاليون قادمين في حمولات سفن إلى مالابار وكان عهد كاليكوت معهم تقريبًا. كان الزامورين مثل دمية في أيديهم. كان ملوك كانانور وكوتشي يداً بيد مع البرتغاليين.

كل هذا لم يثير اهتمام عبد الله. كان ينتظر أخبارًا من عائلته ومنهم، أو على الأقل أخبارًا من فاسو وليلا. لكن محمد لم يكن لديه ما يقوله عنهم. بدا أنهم جميعًا قد اختفوا في الهواء. لم يستطع أحد حتى التأكد مما إذا كانوا لا يزالون على قيد الحياة.

طلب محمد من عبد الله البقاء معهم حتى يكون آمنًا على الأقل. ومع ذلك، كان عليهم التحرك أكثر نحو الشرق، في عمق الغابة، لتجنب البارانجيس. كان المغاربة يبنون مخيماً بالقرب من كوتيور. كونها مدينة معبد، سكن المجتمع الهندوسي هذا المكان. كان لدى المغاربة علاقة جيدة مع الهندوس، وبالتالي اختاروا هذا المكان لمعسكرهم.

كان عليهم أن يستقروا في مكان واحد ويدربوا محاربيهم على خوض الحرب القاسية مع البارانجيس.

كان عبد الله في البداية مترددًا في المغادرة إلى مكان بعيد جدًا عن المكان الذي فقد فيه أحبائه. أراد أن يذهب للبحث عنهم. كلما تحرك أكثر، أصبحت فرص العثور عليهم أكثر بعداً. لكن محمد جعله يفهم أنه لن ينجو بمفرده يومًا في المناطق التي كان البرتغاليون يبحثون فيها عن المستنقعات والأشخاص الموالين لزامورين. وبصرف النظر عن تهديد البارانجي، يمكن أن يهاجمه المستنقعات أيضًا، لأنه يشبه إلى حد كبير البارانجي. لن يفهموا الفرق أبدًا.

سيكون من الآمن له البقاء في المخيم مع المستنقعات حتى يحين الوقت الذي تستقر فيه الأمور في كاليكوت وكانانور. ربما بعد ذلك يمكنه المغامرة في كاليكوت وحتى التخطيط للذهاب إلى عمان في واحدة من تلك السفن التي تسافر إلى الأرض العربية.

وافق عبد الله أخيرًا على نصيحة محمد وانتقل نحو كوتيور مع المستنقعات.

مر الوقت وكاد عبد الله يفقد الأمل في لم شمله مع عائلته. لقد ساعد المغاربة في بناء المخيم في كوتيور. لكن عقله لم يكن مرتاحًا أبدًا، وتدهورت صحته.

ثم ظهر الشيطان نفسه على شكل بيدرو. لم يستطع عبد الله أبدًا أن يفهم كيف تمكن هذا الرجل من تعقبه بعد سنوات عديدة. وصل بيدرو إلى كوتيور على الرغم من أنه هو نفسه لم يفكر في حدوث ذلك.

التقطه المستنقعات في دورية في المناطق المجاورة. كان يتجول بحثًا عن عبد الله وانتهى به الأمر في أيدي أعدائه. على الرغم من أنه في البداية كان منزعجًا من القبض عليه من قبل المستنقعات، إلا أن حزنه تحول إلى فرحة عندما التقى بعبد الله في المخيم.

كان مستعدًا للبقاء سجينًا في المخيم والانتظار. كان يعلم أنه سيحصل قريبًا على فرصته للهروب مع عبد الله.

على الرغم من التأخر، جاءت الفرصة واستغلها بيدرو. لكن طرق الله كانت مختلفة. لم يستطع أحد التنبؤ بما سيحدث، وحدث ما لا مفر منه.

صحار، عمان
إلى 1525 1520

أنا أبهاي غلاوبر النبهاني

وقفت على سطح السفينة أحدق في أعماق البحر الأزرق، واسترجعت أحداث الماضي وتساءلت عما ينتظرني في المستقبل. ظل عقلي يخبرني أنني سألتقي بأمي. الآن بعد أن كان أبي معي، كان علينا أن نكون متحدين مع ماما حتى نتمكن حرفيًا من أن نكون العائلة السعيدة.

الآن ستأخذنا هذه السفينة إلى شواطئ عمان. وافق التجار من كاليكوت وكانانور الذين كانوا مسافرين إلى مسقط على اصطحابنا معهم في السفينة. كان الأب قد رتب كل ما نحتاجه لهذه الرحلة.

كان من الصعب بالنسبة لي أن أترك والدي وأمي. كنت قد أصريت على انضمامهم إلينا في هذه الرحلة. لكنهم كانوا مصممين على أن أسافر وأقابل مصيري. قالوا أنه يمكنني دائمًا العودة إلى كاليكوت مع أمي وأبي. لم يكن عقلي مرتاحًا لهذا المنطق لأنني كنت أعلم أنها ستكون المرة الأخيرة التي أراهم فيها. كنت آمل بشدة أنني لم أكن على حق. ولكن من يستطيع تغيير المصير!

كان والدي وأمي ثمينين بالنسبة لي مثل أبي وأمي. كانوا يعتنون بي، ويعتنون بي، ويجعلونني ما أنا عليه اليوم. لم أر أمي أبدًا واستعدت أبي بعد ستة عشر عامًا. لقد حرصوا على ألا يفوتني أبي وأمي كل هذه السنوات، وكما وعدوا أمي، أعادوني إلى أبي.

كانت لحظة رائعة بالنسبة لي أن أدرك أن الشخص الذي رأيته في أحلامي، الشخص الذي كنت أبحث عنه هو أبي. في ذلك اليوم عند بزوغ الفجر في كوتيور، عرفني أبي على أنني ابنه. لم يرني قط، لكنه عرفني. كانت تلك مفاجأة عظيمة. أخبرني لاحقًا أنني أشبه أمي تمامًا.

لقد كان لغزًا أن يحب أبي وأمي بعضهما البعض كثيرًا. سنوات عديدة من الانفصال لم تنقص حتى ذرة من حب بابا تجاه ماما. يجب أن تعيش ماما أيضًا في مكان ما، على أمل أن تكون في عمان،

وتفكر في بابا. كان هذا هو الطموح الذي دفع بابا إلى الأمام دون أن يفقد روحه. لقد كان يعيش في الوقت الذي سنكون فيه نحن الثلاثة معًا.

الآن كنا في طريقنا إلى عمان. كانت هذه الرحلة تتويجًا للاستعدادات الجارية منذ السنوات الأربع الماضية. لقد تعرفت على خبرة بابا في الملاحة البحرية. لقد دربني أيضًا لأكون بحارًا.

لم يكن من السهل على بابا العيش في كانانور خلال الفترة الأولى من إعادة تأهيله. كان يشتبه في حدوث هجمات من البارانجيس في أي وقت. بقي داخل المنزل حتى لا يكون واضحًا. ساعد الأب والأم بابا كثيرًا في العودة إلى الحياة الطبيعية.

سرعان ما انتهى التنافس بين البارانجيس والمور وقرروا العيش في سلام وتقاسم الصفقات. استسلم زامورين كاليكوت أيضًا لضغوط البرتغاليين. هذا التغيير في السيناريو جعل حياتنا أسهل. يمكن لأبي أن يتحرك مرة أخرى بحرية.

خططنا للقيام بالرحلة إلى عمان بحثًا عن جذوري. لكن هدف بابا الوحيد كان لم شمله مع والدته. إلى جانب وجودي مع أمي، أردت أن أرى الجميع وكل مكان متصل بأمي. أردت أن أقف بحزم على أرض بلدي.

وبناءً على ذلك، بدأ بابا تدريبي البحري. من خلال تأثير الأب، تمكنا من التعرف على العديد من القباطنة من أسطول زامورين وأصبح ذلك مفيدًا في تنفيذ تدريب أثناء العمل. كان بابا مدرسًا جيدًا وكان يقول إنني طالب جيد. إذا كان المعلم جيدًا، فلن يكون الطالب جيدًا! يمكنني أن أتعلم أشياء كثيرة من تجربة بابا العملية.

ولكن بعد ذلك بدأ حلم معين يزعجني. كان الأمر حقيقيًا تقريبًا. لم يكن حادثًا منفصلاً لمرة واحدة، بل كان شيئًا يتكرر عدة مرات.

سيظهر رجل مجهول الهوية من العدم. كان يقترب مني بسيف موجه إلى قلبي. لم يلمسني بالسيف. كان الأمر كما لو أنه كان يعطي تحذيرًا بشأن شيء غير مرغوب فيه سيحدث.

ما جعلني مرتبكًا هو أنني لن أرى هذا الحلم أبدًا أثناء النوم ليلاً. سيكون ذلك دائمًا خلال النهار، في المناسبات التي أشعر فيها بالتعب الشديد، كنت أغمض عيني لفترة من الوقت. دائمًا، لم أتمكن في أي من المناسبات من رؤية وجهه وظل رجلًا غامضًا مجهول الهوية.

لم أناقش هذا الحلم مع والدي أو أبي خشية أن يقلقا. احتفظت بها لنفسي وقررت مواجهة الرجل المجهول، إن وجد، عندما يصل أمامي بالفعل. كنت أعرف أنني يجب أن أنتظر.

لكن الرجل المجهول لم يردعني أبدًا عن التركيز على الوظيفة التي بين يدي. كان علي أن أتفوق في الملاحة البحرية. كان علي أن أتعلم كل ما بوسعي حتى تكون الرحلة إلى وطني بحثًا عن جذوري سهلة على والدي. حتى الوقت الذي التقيت فيه بابا، كان تدريبي يقتصر على الأرض. كان هذا مختلفًا تمامًا. البحر، على الرغم من الهدوء والسكينة، لم يكن سهلاً كما يبدو. كان مثل العملاق النائم عندما استيقظت، التهمت كل شيء أمامها ومن أجل البقاء على قيد الحياة، كان عليك تطبيق كل ما تعلمته للممارسة.

أخبرني بابا قصة بيدرو. لقد نهب العديد من السفن واحتفظ بالغنيمة في ماليندي. لكن في صباح أحد الأيام الجميلة وجد أنه لم يكن أي من كنوزه في مكانها. قام شخص ما بإزالتها. كان يشتبه في أن بابا مسؤول عن هذا لأنه كان الوحيد الذي يعرف شخصيته الحقيقية. كان يلعب دور الرجل المحترم أمام ملك ماليندي وكان السامري الصالح للمسافرين. أصبح من المهم بالنسبة له أن يعيد بابا إلى ماليندي لمساعدته في تحديد موقع غنيمته.

لم يشك ولو للحظة في أن بابا لا يعرف شيئًا عن كنزه. اعتقاده القوي هو ما أبقى بابا على قيد الحياة. خلاف ذلك، كان سيقتل

بابا عندما تم القبض عليه من قبل البارانجيس. في النهاية، ربما استمتعت التماسيح في نهر بافالي بوجبة نادرة من البرتغال.

شعرت بسعادة غامرة عندما بدأنا الرحلة إلى وطني. كنت أفكر في المناسبة السعيدة عندما نلتقي بأمي. يجب أن أسمح أولاً لأبي بمقابلتها والاستمتاع بسعادتهما في استعادة بعضهما البعض. ثم سيكون دوري لرؤية أمي لتهدئة قلبي وملء ذهني. كان وجهها الجميل محفورًا بعمق في ذهني من الوصف الذي قدمه بابا. لم يتعب أبدًا من وصف ماما. أشرق وجهه عندما تحدث بالتفصيل في المرة الأولى التي التقى بها عندما جاءت تتدحرج على الجبل. وعدني أن يأخذني إلى جبل الحب حيث كانوا يجتمعون في كثير من الأحيان.

كان قد تحدث مطولاً عن كل فرد من أفراد أسرته في ليوا والمزرعة التي كان يعمل فيها لدى الجد. كان الجد الكريم والجدة المحبة دائمًا في قصصه. الطريقة التي وصف بها بابا الأرض وكان الناس لا يقاومون لدرجة أنني أصبحت غير صبور لرؤية كل شيء.

لكنني افتقدت الكالاري وسيدي. أصدقائي في كالاري كانوا عزيزين جدا بالنسبة لي. فاتني المعبد والصلوات اليومية للإله. كم أردت أن أعود إلى الريف الجميل الذي كنا نعيش فيه! تذكرت المنزل الذي كنت أعيش فيه كل هذه السنوات، وأخيراً والدي وأمي. لقد فاتني كل شيء.

مع كل هذه الأفكار التي تومض في ذهني، شعرت أنني أطفو في الهواء. تم استبدال صور والدي وأمي بالوجه الأنيق لبابا والوجه الجميل لأمي.

كان الجو بارداً على سطح السفينة. جنبا إلى جنب مع حركة الأمواج انقلبت السفينة أيضا. بدا الأمر كما لو كنت في مهد، حيث كان البحر يحاول غناء تهويدة، مما دفعني إلى النوم. فرك نسيم البحر وجهي بحنان.

لا بد أن النسيم البارد جعلني أشعر بالنعاس. كنت قد أغمضت عيني، أعيش في القصص التي رواها أبي.

اعتقدت أن شيئًا ما لامس قلبي وفتحت عيني. بالنسبة لرعبي، كان هناك - الرجل مجهول الهوية! رأيت أنه كان قريبًا جدًا مني، مباشرة فوق عيني. لكنني لم أستطع رؤية وجهه ؛ كان حقًا رجلًا مجهول الهوية.

اعتقدت أنه لن يستغرق الأمر سوى بضع دقائق قبل أن يخترق السيف في قلبي. أغمضت عيني مرة أخرى وانتظرت بفارغ الصبر حتى يحدث النهائي. لكن لم يحدث شيء.

فتحت عيني. لم يكن هناك أحد في الجوار. هل كان حلماً أم حقيقياً ؟ ربما كان عقلي المتعب يخدعني. شعرت أن وجود الرجل حقيقي لدرجة أنني شعرت بأنفاسه.

هل كان الله يعطيني تحذيرًا، شيء يجب أن أكون حذرًا بشأن مصيري ؟ لماذا كان هذا يحدث الآن، عندما كنت أخيرًا مع أبي وفي طريقي لمقابلة أمي ؟ هل يمكن أن يكون هناك اتصال-حياتي، مع بلدي ؟ ربما لو بقيت في كانانور، لما حدث هذا. بدأ الأمر بعد أن وضعنا خططنا للسفر إلى عمان لمقابلة ماما.

نظرت إلى السماء. كنت أحدق في السماء الزرقاء الشاسعة مع بعض الغيوم الغريبة المنتشرة هنا وهناك. شعرت برغبة ملحة في القفز نحو الغيوم. كلما حدقت أكثر، كلما شعرت كما لو أن شيئًا ما كان يشير إلي، مختبئًا في مكان ما. لم أشعر أبدًا بأي شيء من هذا القبيل طوال سنواتي التي قضيتها في كانانور وكاليكوت.

لقد كان مذهلاً. كنت قد سافرت عبر الأدغال الخضراء الخصبة في ولاية كيرالا. كنت أبحر فوق البحر الأزرق العميق حيث لم يكن هناك سوى الماء ولا شيء آخر يمكن رؤيته. نظرت إلى الأعلى، وسحرتني صفاء السماء اللازوردية. هل كان مجرد افتتان طفولي أم كان هناك شيء أكثر من ذلك ؟

ربما كان لماضي صلات بشيء ما هناك في السماء وما وراءها. سيكون من المثير معرفة الروابط التي تتجاوز جذوري

بمجرد أن أقابل أمي، يمكنني قضاء بعض الوقت في البحث عن سبب هذا الانبهار. قد تحتفظ ليوا بالإجابات على مسعاي.

مزقت عيني بعيدًا عن السماء وحاولت التركيز على الماء في المقدمة. شعرت بازدهار داخل أذني كما لو أن بعض الموجات الصوتية غير المتماسكة كانت تحاول الوصول إلي. ماذا كان هذا الإحساس الجديد يؤثر علي الآن، عندما كنت قريبًا جدًا من تحقيق حلم حياتي؟

كان علي أن أنتظر وأرى.

البحث عن الجذور

وفي اليوم الرابع عشر من الرحلة، رست السفينة في ميناء مسقط. تغيرت أجواء الميناء. كانت الآن تحت الحكم البرتغالي.

كان عليهم أن يكونوا حذرين. كان المسافرون العمانيون تحت إشراف إدارة الميناء. سُمح للهنود بدخول البلاد دون أي مشكلة لأن البرتغاليين كانوا يسيطرون على العديد من مناطق مالابار.

كانت مسقط آخر ميناء ري للسفن التي تسافر من الخليج إلى وجهات مثل الهند والصين وشرق إفريقيا. وصف العديد من البحارة مسقط بأنها الميناء الوحيد الذي كانت فيه السفن آمنة طوال العام. وقد دفع ذلك العديد من السفن إلى التوقف في ميناء مسقط، مما أدى إلى زيادة حركة المرور.

كان العديد من المسافرين من الغرب والشرق يتصلون في كثير من الأحيان بميناء مسقط. كان يعرف باسم الميناء الخفي لأن الجبال أخفته عن الجوانب الثلاثة الأخرى. قامت جغرافية المنطقة بحمايتها من الظروف الجوية القاسية وكان يعتقد أنها وجهة آمنة لجميع البحارة.

ازدهرت تجارة اللبان خلال تلك الأيام. كان يُنظر إليه على أنه مكافئ تقريبًا للذهب وازدهرت البلاد من هذا العمل.

خلال تلك الأيام، كان لدى عمان قدرة ممتازة على بناء القوارب ومهارات الملاحة البحرية. اشتهر أحمد بن ماجد برحلاته والكتب التي كتبها للعثور على الاتجاهات أثناء الرحلات البحرية.

فضل أحمد بن ماجد، على الرغم من أنه ولد في جلفار على الساحل الشمالي لسلطنة عمان، البقاء معظم وقته في مسقط. اكتسب شهرة كمترجم لأدلة الملاحة البحرية. قدمت هذه الكتب بيانات دقيقة فيما يتعلق بالتيارات البحرية والرياح. ينحدر من سلسلة طويلة من الملاحين والعلماء، أصبح مهتمًا بالبحار في سن مبكرة واستمر في

حبه للرحلات البحرية. وقد ألف ما يقرب من أربعين عملاً من الشعر والنثر، معظمها يتعلق بالبحار.

تناول شعره، الحويات، علامات قرب الأرض وإيجاد الاتجاهات في أعالي البحار. لقد استخدم البوصلة والخرائط قبل أن يتمكن الأوروبيون من الوصول إليها للرحلات البحرية.

وهكذا جعل أسد البحار عمان مشهورة للغاية. في عام 1500، ودع جميع رحلاته ومواطنيه.

استولى البرتغاليون على مقاليد البلاد في عام 1507.

نزل الثنائي من الأب والابن في ميناء مسقط. شعر أبهاي بسعادة غامرة لوضع قدمه على أرض بلاده. كان أول شيء فعله عند وصوله هو الانحناء وتقبيل وطنه الأم.

رتبوا أماكن إقامتهم في مكان قريب من الميناء. كان عليهم البحث عن طرق للسفر إلى صحار عن طريق البر أو البحر حيث يمكنهم العبور إلى ليوا. مجرد التفكير في رؤية والدته جعل أبهاي منتشيًا. كان يتطلع إلى هذا الاجتماع لفترة طويلة. الآن كاد أن يصل إلى وجهته.

كان عبد الله متشككًا في الاستقبال الذي سيتلقاه في منزل فاطمة. لم يستطع أن يفهم لماذا غادرت فاطمة كاليكوت. علم من فاسو أن اثنين من العمانيين اقتادوها بعيدًا عن المنزل إلى المستودع في الرصيف. في وقت لاحق، اكتشفوا أن ثلاثة عمانيين وسيدة قد سافروا من كاليكوت، في سفينة متجهة إلى مسقط.

من وصف العمانيين، خمن عبد الله أنهم حسين وأحمد وعباس. هذا هو السبب في أنه انطلق في رحلة إلى مسقط مع ابنه.

كما علم أن رجلاً برتغالياً رافق الإخوة الثلاثة عندما هبطوا في كاليكوت. كان ذلك بيدرو بالتأكيد، لكنه الآن لم يعد يشكل تهديدًا لهم.

كان عبد الله قلقًا. يجب أن يكون هناك أمر عاجل أو خطير دفع فاطمة إلى مرافقة إخوتها دون انتظار زوجها أو طفلها. ربما كانت واثقة من أن فاسو وليلا سيعتنيان بالطفلة وبمجرد عودة عبد الله إلى كاليكوت، سيأتيان معًا للبحث عنها.

ولكن لماذا لم تكلف الأسرة نفسها عناء البحث عنهم في كاليكوت؟ لم يقترب أحد من فاسو أو ليلى للاستفسار عن فاطمة وعبد الله وابنهما. فيما يتعلق بفاسو وليلا، كانا سعيدين لأنه لم يأت أحد للبحث عنهما. كانوا تحت خوف دائم من أن يؤذي شخص ما أبهاي.

كان على عبد الله أن يكون حذرًا في الاقتراب من عائلة فاطمة. لم يكن إخوتها ليغفروا له هروبه مع أختهم الوحيدة، التي أحبوها جميعًا كثيرًا. ما فعله كان يعادل الخيانة. ولكن في ظل هذه الظروف، لم يكن لديه خيار آخر سوى الهرب مع فاطمة.

عشرون عامًا كانت فترة طويلة جدًا للابتعاد عن الأعزاء والقريبين. كان عبد الله يأمل أن تكون أسرة ليوا كما كانت من قبل. تذكر علي المحب، بابا فاطمة. ساعده علي كثيرًا عندما كان يعمل في المزرعة.

ثم كان هناك ناصر الذي ساعده على الاستقرار في ليوا مع وظيفة في مناجم النحاس وبعد ذلك، مع علي في المزرعة. كان عبد الله يتوق إلى مقابلتهم جميعًا ومقابلة فاطمة.

أقام عبد الله وأبهاي في النزل. تجولوا حول الميناء للحصول على معلومات حول السفينة التالية التي قد تبحر من مسقط إلى صحار، أو أي وسيلة نقل أخرى عن طريق البر للوصول إلى صحار. كانوا أكثر راحة في السفر عن طريق البحر لأنهم كانوا بارعين في الإبحار. يمكن أن يمثل الطريق البري العديد من العقبات.

كان عليهم أن يكونوا حذرين. كانت المدينة تحت الحكم البرتغالي.

وكان من المقرر أن تبحر السفينة التالية إلى صحار بعد أسبوع. ودعا ذلك إلى البقاء في مسقط حتى ذلك الحين. كان عبد الله يعلم أن شقيق فاطمة أحمد غالبًا ما يأتي إلى مسقط من أجل عمله.

ربما، إذا كان محظوظًا، فقد يتمكن من مقابلته في أحد هذه الأيام السبعة.

ولكن سواء كان الأمر محظوظًا أو مؤسفًا، لم يلتقوا بأحمد. في الواقع، لم يكن أحد من معارفه حول الميناء خلال تلك الفترة.

استكشفوا السوق في مطرة. تباهى السوق في مطرة ببيع أنواع مختلفة من المواد التي صنعت في الأصل في عمان. ما جذب أبهاي هو الخنجر، وهو سكين منحني قصير مصنوع من شفرة فولاذية ومقبض فضي. وسرعان ما أصبح المالك الفخور للخنجر.

كانوا يرتدون الموندو والخميس، على غرار مالابار. كانوا يخططون لشراء الخندورة العمانية المحلية من السوق. ارتدى العمانيون قطعة قماش، فيستار، على غرار الموندو تحت الخندورة.

كان من الممكن أن يشعروا براحة أكبر مع الخندورة. كان فستانًا طويلًا يغطي الجسم بأكمله من الرقبة إلى القدمين. كانت فضفاضة بما فيه الكفاية بالنسبة لهم لإخفاء أسلحتهم تحت الفستان.

لكن حقيقة أنهم، كهنود، سيكون لديهم المزيد من الحرية للتجول تحت أعين البرتغاليين المتطفلين جعلت اللباس الهندي خيارًا أفضل. كان من المهم بالنسبة لهم أن يكونوا متيقظين دائمًا.

علموا أن البرتغاليين لديهم سيطرة مشددة على ميناء صحار أيضًا. حتى أنهم استولوا على جزيرة هرمز. على ما يبدو، كان العمانيون مقيدين ولم يُسمح لهم بحرية الحركة حتى داخل أراضيهم. كانت التصميمات الداخلية مختلفة قليلاً منذ أن اختار البرتغاليون البقاء بالقرب من المناطق الساحلية.

كان عبد الله في ذهنين عندما يتعلق الأمر باتخاذ قرار بشأن طريقة سفرهم إلى صحار. السفر عن طريق البحر من شأنه أن يثير شكوك البرتغاليين. لم يكن يريد أن يتم احتجازه بعد أن وصل إلى هذا الحد بحثًا عن جذور أبهاي. كان يعلم أنه من المهم جدًا أن يلتقي أبهاي بوالدته. بالطبع، كان يتطلع أيضًا إلى مقابلة فاطمة.

قد يكون السفر عن طريق البر خطيرًا مع انضمام العديد من السكان المحليين إلى العصابات لمحاربة البرتغاليين. يمكن الخلط بينهم وبين الأعداء والهجوم. كان التخطيط الدقيق مطلوبًا لتحديد طريق للوصول إلى صحار.

ولكن قبل أن يتمكن عبد الله من التوصل إلى حل منطقي، تغير الوضع فجأة.

على أرض معادية

كانت الساعات الأولى من اليوم. نهض عبد الله وهو يصرخ. شخص ما كان ينقر على ضلوعه. فوجئ بالألم المفاجئ. سرعان ما أدرك أن هناك بعض الأشخاص داخل الغرفة وأن أحدهم حثه بسيف حاد.

كان الرجل يتحدث معه باللغة البرتغالية. في البداية لم يستطع عبد الله معرفة ما كان يطلبه. لكنه فهم تدريجياً أن الرجل كان يسأل عن اسمه ومكان وجوده. لم يتحدث لغته الأم لفترة طويلة. كان يتواصل مع أبهاي باللغة المالايالامية، اللغة المستخدمة في كاليكوت. جاءه المالايالامية بشكل طبيعي ورد على الشخص بشأن ما كان يفعله في غرفته.

لم يفهموا اللغة الجديدة. أظهروا أيديهم لملاحقتهم خارج الغرفة. استيقظ أبهاي أيضًا على الأصوات. كلاهما تبع الدخلاء. طلب منهم عبد الله التوقف بالقرب من بئر على جانب الطريق حتى يتمكنوا من غسل وجوههم. رضخ الرجال البرتغاليون لطلبهم.

وسرعان ما أدركوا أنهم سيُنقلون إلى مكتب القبطان البرتغالي بالقرب من الميناء. كان القبطان شابًا في أواخر الثلاثينيات من عمره. أدرك عبد الله أن اسمه لويس وبدأ في طرح الأسئلة باللغة العربية لأن رفاقه أخبروهم أن محجرهم لا يفهم البرتغالية.

اختلق كل من عبد الله وأبهاي الجهل باللغة العربية. ظلوا يخبرون القبطان في المالايالامية أنهم تجار من كاليكوت وجاءوا إلى مسقط لشراء اللبان والمواد المصنوعة من النحاس.

لم يرغب لويس في الوثوق بهم بشكل أعمى. كان يعتقد أن عبد الله لديه نظرة برتغالية وأن الشاب لديه ملامح عربية. وأمر باحتجازهم في غرفة أخرى مثل الزنزانة. أراد أن يتأكد من أن هذين الاثنين ليسا مثيرين للمتاعب.

لكن الأحداث خلال تلك الليلة غيرت السيناريو بأكمله لعبد الله وأبهاي.

كان الوقت قد تجاوز منتصف الليل. بدأ الأمر بضربة بندقية وسرعان ما انكسر هدوء الليل بأصداء رجال يصرخون ويطلقون النار. في غضون وقت قصير، تحول المبنى بأكمله الذي كان يضمهم إلى ساحة معركة.

في البداية، لم يستطع عبد الله وأبهاي فهم ما كان يحدث ولكن سرعان ما خمنوا أن العمانيين كانوا يهاجمون البرتغاليين. لقد سمعوا أن هناك مجموعات منشقة من العمانيين الذين استاءوا من الاحتلال البرتغالي لبلدهم وقاوموا بشدة. وشنت هذه الجماعات هجمات مفاجئة على أفراد الجيش والبحرية البرتغاليين لإيقاع أكبر عدد ممكن من الضحايا. كانت تلك الليلة شاهدة على أحد تلك الاعتداءات.

لم يكن البرتغاليون مستعدين تمامًا لمثل هذا الهجوم. لم يتخيلوا أبدًا أن العمانيين سيجرؤون على مهاجمة مبنى الحامية الرئيسي في ميناء مسقط.

هرب لويس وبعض رجاله. كان هناك آخرون قاوموا العمانيين. لم يكن العمانيون مهتمين بالاستيلاء على المبنى أو قتل الناس داخله. وبدلاً من ذلك حملوا معهم معظم الأسلحة والذخائر المخزنة في الحامية. لم ينسوا إطلاق سراح السجينين.

لم يكن أمام عبد الله وأبهاي خيار آخر سوى اتباع المنقذين. كانوا يعرفون أن هذا يمكن أن يعرض حياتهم لخطر أكبر بكثير في وقت لاحق. سيكون من الصعب عليهم إثبات الجانب الذي كانوا عليه لكنهم كانوا يعلمون أنه سيتعين عليهم البقاء مع المجموعة العمانية حتى تتاح لهم فرصة الهروب إلى صحار.

لن يتمكنوا من السفر خلال النهار مع البرتغاليين الذين يحومون حول الميناء والحزام الساحلي. كانوا على يقين من أنهم

سيكونون تحت الماسح الضوئي البرتغالي منذ أن أطلق العمانيون سراحهم.

تبعوا العمانيين إلى الداخل. تم تزويدهم بحصان لركوبه معًا.

وكان قائد المجموعة هو سليمان البوسعيدي. ذهبوا متجهين نحو جنوب مسقط ولم يتوقفوا إلا عندما وصلوا إلى حصن نزوى. كانت نزوى مكانًا محصنًا بأوراق الشجر الجافة الكثيفة وجبل الأخضر، الجبل الأخضر.

استولى البرتغاليون على المنطقة الساحلية، لكنهم لم يغامروا كثيرًا في المناطق الداخلية. وقد ساعد ذلك العمانيين على البقاء في الأجزاء الداخلية من عمان، خاصة في وديان الجبال التي شكلت حاجزًا بين الشرق والغرب. لقد بنوا العديد من الحصون التي استخدمت لإعادة تجميع مقاتليهم في معارك مع خصومهم.

أقام عبد الله وأبهاي مع المجموعة العمانية داخل الحصن في نزوى. وفي الوقت نفسه، أصبحوا ودودين مع سليمان. نظرًا لأن كلا من الأب والابن يمكنهما التحدث باللغة العربية بطلاقة، فقد أصبحا في وقت قريب ودودين جدًا مع الأعضاء الآخرين في المجموعة أيضًا.

،بمجرد أن علم سليمان بعزمهم على الذهاب إلى صحار طلب من زملائه الأعضاء ترتيب سفرهم برا إلى صحار. ستكون الرحلة شاقة وخطيرة. كان عليهم السفر فوق الجبال والغابات وكذلك الابتعاد عن الساحل للهروب من البرتغاليين.

خدعنا البرتغاليون وتولوا السيطرة على مدينة مسقط في" عام 1507." أصبح سليمان ثرثارًا عندما سألوه عن المشاكل التي واجهوها مع البرتغاليين. "كما هو الحال في مالابار، جاءوا إلى عمان للتداول، ومنحهم حكامنا، دون الاشتباه في أي تلاعب، الإذن بالبقاء هنا. لكنهم جاءوا مع حمولة جيدة من الأسلحة والذخيرة، بصرف النظر عن المواد المخصصة للتجارة وسرعان ما كانوا يدمرون

ثروتنا. العمانيون شعب محب للسلام ولا يمكنهم المقاومة. لقد استسلموا للهجمات."

أراد عبد الله أن يعرف ما كان يخطط له سليمان وعصابته لمقاومة المهاجمين وإبعادهم عن وطنهم الأم.

"لقد شكلنا عدة عصابات في العديد من الأماكن على طول المنطقة بين مسقط وصحار. وبما أن البرتغاليين يحتلون المنطقة الساحلية، فإننا نبقى على الجانب الغربي من الجبال. هذه الجبال تحمينا من البرتغاليين. نحن على يقين من أننا سنحرر بلادنا يومًا ما من هؤلاء الشياطين."

ومع ذلك، فإن عدد الأشخاص الذين انضموا إلى المقاتلين كان ضئيلاً. لم يخض العمانيون أي نوع من الحروب وكان معظم سكان عمان مستسلمين لحياة خالية من المتاعب في القرى. كان من الصعب إقناعهم بالانضمام إلى جماعات المقاتلين.

حذرهم سليمان من أن يشعروا بالملل من الهجمات التي يمكن أن تحدث في رحلتهم إلى صحار. يجب أن يسلكوا الطريق غرب الجبال حتى يبتعدوا عن الساحل والبرتغاليين. كانوا يركبون على طول وديان معبر جبل الأخضر وجبل الحلحيل وجبل الهينة إلى عبري وينقل. كانوا يرون الحصون التي يحتلها المقاتلون العمانيون في الطريق. كانت هذه ملاذات آمنة لهم للبقاء. أعطى سليمان لهم رسالة باللغة العربية تنطقهم ليكونوا أصدقاء عمان مع ختمه عليها. يمكن عرض هذه الرسالة على رأس الحصون حتى يتمكنوا من السماح لهم بالبقاء طوال الليل في الحصن.

من ينقل كانت منطقة مفتوحة حتى صحار. هذا هو المكان الذي كان عليهم أن يكونوا حذرين للغاية. لم يكن سليمان متأكدًا من مدى استيلاء البرتغاليين على صحار. لكن صحار كانت محتلة بالكامل من قبل البرتغاليين.

على الرغم من مرور أكثر من عشرين عامًا على مغادرة عبد الله لصحار، إلا أنه كان واثقًا من إيجاد طريقه في تلك المنطقة.

كان يعرف الباطنة القديمة مثل ظهر يده. ربما حدثت الكثير من التغييرات لصحار، لكنها كانت لا تزال مكانه. يمكنه النجاة من أي تهديد في أرضه.

ستستغرق الرحلة إلى صحار، إذا لم تنزعج من الفهود أو قطاع الطرق أو البرتغاليين، ما لا يقل عن خمسة إلى ستة أيام. قام سليمان بتزويدهم بالطعام والماء والذخيرة وحذرهم من جميع أنواع المخاطر التي قد يضطرون إلى مواجهتها في الطريق.

لم ينس أن يذكر أين يجب ألا يذهبوا. عندما يغادرون نزوى، يصادفون بهلاء، أرض السحرة والجن. يجب عليهم الالتفاف على قرية بهلاء والمضي قدمًا في أسرع وقت ممكن. اعتقد السكان المحليون أنه لا يمكن لأحد الهروب بمجرد دخولهم بلدة بهلاء المحظورة. كانت هناك قصص عن العديد من الشباب الذين يأكلهم الجن. لم يكن لدى بهلاء أي اتصال بالعالم الخارجي.

لم يرغب عبد الله، على الرغم من أنه ليس رجلًا مؤمنًا بالخرافات، في المخاطرة بأي عقبات قد تنشأ في طريقهم بحثًا عن جذور أبهاي. لذلك قرر عدم التوقف عند بهلاء، أو لأي مكان آخر غير الحصون التي يشغلها العمانيون. حتى القرى المفتوحة في الطريق لن تكون آمنة بالنسبة لهم للبقاء.

وكان سليمان قد أعطاهم خريطة خام للمنطقة من نزوى حتى صحار مع مؤشرات واضحة على الحصون.

مع الإحاطة التي قدمها سليمان، شعروا بمزيد من الثقة بشأن السفر إلى وجهتهم. كان قلب أبهاي ينبض بشكل أسرع عندما فكر في مدى قربه من والدته.

في ذلك المساء، لم يستطع أبهاي النوم كثيرًا لأن عقله كان متحمسًا جدًا، يفكر في المحطة الأخيرة من رحلتهم.

في اليوم التالي، قبل شروق الشمس، انطلق الأب والابن في رحلتهما.

درب نحو الحقيقة

كان اليوم الأول من الرحلة بلا أحداث. مروا أمام بهلاء وسرعان ما كانوا في طريقهم إلى الحمرا. على الرغم من أن أبهاي لم يستطع تصديق القصص التي سمعها عن السحر في بهلا، إلا أنه لم يرغب في المغامرة في بهلا خشية أن يضيعوا الوقت. كان عقله يركز على مقابلة والدته.

اضطروا إلى المشي لأن سليمان لم يستطع توفير أي حصان لهم.

كان وادي جبل الأخضر غابة هائلة. كان أبهاي ماهرًا جدًا في إيجاد أو شق طرق عبر الغابة. ممارساته في كالاري جعلته في وضع جيد.

حاولوا التمسك بحافة الغابة من أجل عدم إزعاج أو مواجهة أي وحوش برية. لم يرغبوا في أي عائق يؤخر رحلتهم. قبل غروب الشمس، كان بإمكانهم رؤية الحصن الذي حدده سليمان على الخريطة.

وبمساعدة رسالة سليمان، تمكنوا من الوصول إلى الحصن في الحمرا حيث كان السكان أكثر حرصًا على مساعدة أصدقاء سليمان البوسعيدي.

كان الحصن في الحمرا نسخة صغيرة جدًا من الحصن في نزوى. كونهم قريبين من جبل الأخضر وجبل شمس، لم يحتاجوا إلى أي تحصين متقن. لم يكن من السهل على أي متسلل اختراق البيئة الطبيعية لهذه القرية الهادئة. لم يسكن الوادي الكثير من الناس. لكن سكان الحصن كانوا مقاتلين أقوياء.

بعد ليلة جيدة من الراحة، واصلوا رحلتهم. كانوا يخططون للتخييم في بات في تلك الليلة قبل التوجه إلى عبري.

ربما جعلتهم الوتيرة السهلة في اليوم الأول يشعرون بالرضا.

ظهر المهاجمون من العدم. فجأة الهجوم أخذتهم على حين غرة.

قاوموا. كان هناك حوالي اثني عشر منهم. كان فريقًا من البرتغاليين قد وضعوا أنفسهم في مهمة العثور على بعض نقاط المراقبة لاحتلالها وتطويرها من أجل تمركز جيشهم. بدا الفريق المكون من شخصين كما لو كان يفوقه عدد المهاجمين.

كان أبهاي ينتظر فقط للحصول على استراحة لوضع يديه على أورومي التي كانت مخبأة تحت ملابسه. على الرغم من تأخره، جاءت اللحظة التي منحته فرصة لسحب الأورومي. ثم لم يكن هناك نظرة إلى الوراء. قطع وقطع مع أورومي له.

كان هذا سلاحًا لم يره البرتغاليون من قبل. أولئك الذين جاءوا من كاليكوت كانوا على علم بذلك. لكن معظم البرتغاليين في مسقط جاءوا مباشرة من لشبونة بعد أن تولت البحرية البرتغالية زمام الأمور في البلاد.

مثل الثعبان، انزلقت الأورومي وقطعت مباشرة عبر المجموعة. واحد تلو الآخر سقط الأعداء.

بمجرد أن بدأ أبهاي في استخدام أورومي، لم يكن لعبد الله أي علاقة. لقد شاهد برهبة مهارات ابنه. سرعان ما هزم الكثير واستأنفوا رحلتهم. على الرغم من تردده، لم يكن لدى أبهاي طريقة أخرى سوى إبادة خصومه. كان هذا في الواقع ضد المبادئ التي تعلمها في كالاري. ولكن، مثل البارانجيس في مالابار، لم يستحق البرتغاليون في عمان أيضًا أي تساهل.

استأنف أبهاي وعبد الله رحلتهما نحو الوطواط. كان تخطيط سليمان مثاليًا وكان لديهم مكان للإقامة كل ليلة. كان سليمان، وهو أحد أهم قادة الجماعات التي تقاوم احتلال البرتغال، قد سافر على هذا الطريق عدة مرات لجمع العمانيين معًا وإنشاء الجماعات المنشقة في نقاط استراتيجية. كانوا مصممين على الحصول على حريتهم في يوم من الأيام.

أعطى التوقف عند بات المسافرين المرهقين وقتًا كافيًا لاستعادة قوتهم. علموا من العمانيين أن المنطقة المحيطة بعبري لم يكن من السهل جدا المرور بها. في الآونة الأخيرة، قام البرتغاليون بتوغلات ناجحة نحو عبري. خلال الأسابيع القليلة الماضية لم يكن لديهم أي أخبار من سكان عبري وأصبحوا قلقين للغاية بشأن ذلك.

كان من المهم لأبهاي وعبد الله معرفة الوضع الفعلي في عبري قبل الدخول إلى الحصن. لقد حددوا على الخريطة طرقًا مختلفة للاقتراب من الحصن ونقاط المراقبة حيث يمكنهم مشاهدة الأنشطة داخل الحصن وحوله.

إذا تحول الحصن إلى معادٍ، فيجب عليهم الالتفاف على الحصن من الغرب والتحرك نحو قرية ضنك المجاورة. كانت ضنك منطقة هادئة أخرى، ولكن لم يكن لديها حصون أو قلاع. كان هذا أحد الأسباب التي جعلتهم يعتبرون ضنك آمنًا. كان البرتغاليون يركزون فقط على عبري لاحتلال الحصن وبالتالي اكتساب ميزة على العمانيين. من المحتمل أن يهملوا قرية ضنك الزراعية.

تقع قرية ضنك بين عبري وينقل إلى الشمال. أسهل طريق هو عبور المدينتين للمضي قدمًا فوق جبل حلاهيل. علموا أن هذا يمكن أن يكون خطيرًا لأن لا أحد كان متأكدًا من مدى انتشار جيشهم البرتغالي بين ينقل وعبري. لذلك، فإن الطريق الأكثر أمانًا على الرغم من أنه أطول هو السير حول عبري إلى ضنك.

عندما خرجوا من بات في صباح اليوم التالي، كان لدى أبهاي وعبد الله بالفعل خطة ثابتة لعبور حصن عبري. في حال كان الحصن في أيدي البرتغاليين، فسيتم حرمانهم من ترف الراحة أثناء الليل. لا يمكن أن يكون اثنان مباراة ضد جيش من الأجانب مجهزين بأسلحة حديثة ومصممين على سحق السكان المحليين.

ولكن الآن بعد أن وصلوا حتى الآن في سعيهم إلى أن يكونوا مع فاطمة، أصبح الثنائي أكثر تصميمًا من أي وقت مضى على تحقيق هدفهم.

بحلول الوقت الذي وصلوا فيه إلى منطقة عبري، كانت الشمس تكاد تنحدر في الأفق. كان بإمكانهم رؤية أبراج الحصن مبهرة في الضوء الأصفر لغروب الشمس. اقتربوا أكثر لإلقاء نظرة أفضل على سكان الحصن. كان هناك العديد من الأشجار الطويلة بالقرب من الحصن، مما منحهم غطاءً كافيًا للابتعاد عن أعين الحراس في الحصن. وضعوا أنفسهم على واحدة من أطول الأشجار للتركيز على الأنشطة في الحصن.

سرعان ما تمكنوا من رؤية تحركات الجنود في الزي البرتغالي. كانت هناك مدافع موضوعة في الجزء العلوي من الحصن. بدا أن الحصن مجهز جيدًا لمقاومة أي هجمات خارجية.

قرر أبهاي عدم إضاعة المزيد من الوقت والمضي قدمًا في خطتهم البديلة للذهاب إلى الجانب الغربي من الحصن. إذا استمروا في التحرك أثناء الليل، فإن فرص السقوط تحت الماسح الضوئي للبرتغاليين ستكون أقل بكثير. وبالتالي سيكونون قادرين على التحرك بشكل أسرع في الليل أكثر من النهار.

مع اتخاذ القرار، بدأوا نحو ضنك. بمجرد وصولهم إلى ضنك، كان عليهم وضع خطط جديدة حول كيفية الوصول إلى ليوا أو صحار. كان الفجر تقريبا بحلول الوقت الذي وصلوا فيه إلى ضنك. انتظروا على حافة الغابة حتى لا يزعجوا القرويين في الظلام.

بمجرد أن بدأ القرويون أعمالهم اليومية، خرج أبهاي وعبد الله من مخبأهما وسارا نحو أحد المنازل مع مزرعة بجواره. أجروا محادثة مع الرجل في المزرعة.

كان محمد الريسي أكثر من حريص على مساعدة الغرباء من كاليكوت للوصول إلى وجهتهم في ليوا. سمع عن البرتغاليين الذين يحتلون حصن عبري. ولكن لحسن الحظ لم يأت أي برتغالي إلى قريتهم حتى الآن. كان يأمل ألا يأتوا أبدًا. كونهم مزارعين، لن يكونوا قادرين على محاربة قوة البرتغاليين.

ساعدت رسالة سليمان البوسعيدي محمد على الوثوق بالوافدين الجدد. على الرغم من أنه لم يقابل سليمان، إلا أنه سمع الكثير عنه من المسافرين القادمين من مسقط.

كانت الخطة هي البقاء ليوم واحد في ضنك والمغادرة إلى ليوا في وقت مبكر من اليوم التالي. عرض محمد أن يأخذهم في عربة الثور التي اعتاد أن يأخذ خضرواته فيها، إلى السوق في صحار.

استخدم أبهاي وعبد الله الماء البارد من البئر في المزرعة لإنعاش نفسيهما قبل أن يرتديا الملابس العمانية المحلية. الآن بدوا مثل العمانيين الأصليين في الخندورة البيضاء التي قدمها سليمان والقبعة العمانية التي تغطي رؤوسهم. دون الخوف من ظهور البرتغاليين من أي مكان، استرخوا في منزل محمد واستمتعوا بالضيافة العمانية الحقيقية.

نام أبهاي بجانب أبيه. لم يسبق له أن شعر بهذا السلام منذ أن بدأ هذه الرحلة من كانانور. مع رؤى لكونه مع والدته قريبًا، نام جيدًا.

الألم العض على صدره جعله يستيقظ في حالة من الذعر. ربما تبعهم البرتغاليون إلى ضانك. لكنه لم يكن وجه بارانجي الذي رآه أمامه. في الواقع، لم يكن هناك وجه على الإطلاق. كان ذلك الرجل عديم الوجه. أبيض مثل أي وقت مضى، فقط الهواء الذي يحتل المنطقة تحت القبعة الكبيرة مع سيف موجه نحو صدره، وقف بالقرب منه.

أراد أن ينادي بابا، لكن لم يصدر أي صوت من حلقه. كانت جافة مثل بئر في الصحراء.

عندما نهض، كان يتعرق بغزارة. كان الحلم أشبه بالواقع. ومع ذلك، لا شيء من شأنه أن يردعه عن مهمته. استلقى مستيقظًا وهو يفكر في والدته.

قبل شروق الشمس بكثير، انطلق الثلاثي إلى صحار.

الحلم يصبح حقيقة

لم يكن السفر من ضنك بهذه السهولة. كان على العربة أن تتدحرج على الطرق الطينية. لكن محمد كان خبيرًا في توجيه الثيران عبر هذه المسارات. لقد كان يفعل ذلك على مدى السنوات العديدة الماضية. لم يكن لديه مكان آخر غير صحار وليوا لبيع المنتجات من مزرعته.

كانت المناطق الساحلية في عمان أكثر سكانًا مقارنة بالمناطق الداخلية. كانت قرية ضنك تضم بالكاد عشر عائلات تجمعت معًا. لم يكن هناك الكثير من القرى غير واسط والدبين في الطريق إلى صحار من ضنك. كلاهما كانا بعيدين عن الطريق وكان عدد سكانهما قليلًا جدًا. وكان القرويون أساسا من المزارعين. صنعوا منتجاتهم الزراعية الخاصة وتداولوا في الأسواق الساحلية الأكبر.

كان محمد يقايض منتجات مزرعته بالأسماك وغيرها من الضروريات في سوق صحار. عادة ما يحصل على التوابل التي تم جلبها من كاليكوت. أحبّت زوجته توابل كاليكوت واستخدمتها ببذخ في جميع وصفاتها.

أكثر من البضائع التي سيتم شراؤها، كان محمد يتطلع إلى جمع الأخبار عن مسقط وأماكن أخرى. لم يكن لديهم طرق أخرى للتواصل. كان القرويون في ضنك ينتظرون عودته لسماع قصص عن الناس الذين يعيشون بالقرب من البحر. مع كل رحلة كان لديه قصص مختلفة ليحكيها لعائلته وجيرانه. كانوا يعرفون أن البرتغاليين قد استولوا على بلدهم. ومع ذلك، كونهم في المنطقة الداخلية، لم يتأثروا على الإطلاق بالتغييرات في مسقط وصحار. استمرت حياتهم كالمعتاد.

في الطريق، التقوا بجنود برتغاليين على ظهور الخيل في بعض الأماكن. لم يهتم هؤلاء الجنود أبدًا بالنظر إلى عربة الثور المفتوحة التي تحمل ثلاثة فلاحين وخضروات. كان مشهدًا شائعًا

بالنسبة لهم. كانوا يبحثون عن العمانيين المسلحين الذين تحدوا الحكم البرتغالي في عمان.

وبحلول المساء، وصلوا إلى أطراف صحار. أخبرهم محمد أن السوق سيفتح في الصباح. كان بإمكانهم الراحة في مكان قريب من السوق كان يرتاده التجار مثله.

نفد صبر أبهاي وأصر مع عبد الله على أن يغادروا محمد ويذهبوا إلى منزل والدته في تلك الليلة نفسها. لكن عبد الله حذره. لقد مر أكثر من عشرين عامًا منذ أن غادر منزل ليوا وفاطمة.

كان من الممكن أن تتغير المنطقة والمنزل وحتى الناس كثيرًا. لم يكن لديهم أي فكرة عما يمكن توقعه في منزل فاطمة. قد يكون إخوتها عدائيين وقد ينقلبون ضدهم. لم يرغب عبد الله في مواجهة قبيحة بعد كل هذه السنوات. علاوة على ذلك، كان عليهم أن يكونوا حذرين بشأن البرتغاليين أيضًا.

كان يخطط للتجول في المنطقة لبضعة أيام لفهم الوضع الحالي في ليوا. فقط عندما كانوا متأكدين جدًا من مشاعر العائلة، كانوا يغامرون بالإعلان عن وصولهم. في الملابس العمانية وفي صحبة التاجر محمد، لن يتعرف عليهم أحد على أنهم غرباء. يمكن لمحمد أن يروي فضولهم بسهولة بالإجابات الصحيحة.

لطالما كان لدى عبد الله شكوك حول سبب عدم إرسال فاطمة إخوتها للاستفسار عن ابنها وزوجها طوال هذه السنوات. يمكن أن يكون هناك العديد من الأسباب التي من شأنها أن تحتجز فاطمة في ليوا، ولكن لا يزال من الممكن أن يأتي شخص ما للبحث عنها. كيف يمكنها أن تتخلى عن الصبي الذي انتظرت بفارغ الصبر أن تولد من أجله ؟ عاد عقله إلى كل تلك الأيام مع فاطمة في كاليكوت.

أخبر عبد الله أبهاي ألا ينفد صبره وأجبر ابنه على قبول قراره بالانتظار لبضعة أيام أخرى قبل أن يطرق باب منزل فاطمة.

وافق محمد على البقاء معهم حتى يجدوا طريقة للتواصل مع عائلتهم في ليوا. لم يكن في عجلة من أمره. في صباح اليوم التالي شاهد محمد مبهج يبيع خضرواته في سوق صحار.

كان السوق قريبًا من شاطئ البحر وبجواره مسجد. تم اصطفاف متاجر مختلفة تبيع مواد مختلفة من المؤن والخضروات إلى مواد البناء والأدوات المنزلية في السوق. كان هناك قسمان في السوق- المحلات الدائمة والمحلات المؤقتة. ظهرت المتاجر المؤقتة كل يوم خميس عندما كان السوق مفتوحًا. استخدم التجار الذين باعوا سلعًا رائعة صادفوها أثناء سفرهم هذه المتاجر المؤقتة. كانت المتاجر الدائمة مع السكان المحليين الذين واصلوا تجارتهم كل يوم.

احتفظ محمد بعربته في جانب واحد من السوق وبدأ في النداء بأسماء الخضروات ليشتريها الناس. انتهز عبد الله وأبهاي هذه الفرصة للتجول في السوق، في محاولة لإجراء محادثات مع العديد من أصحاب المتاجر للتعرف عليهم. قدموا أنفسهم كأقارب لمحمد من الوطواط. لم يرغبوا في أن يعرفوا أنهم جاءوا من مسقط خشية أن يصبح شخص ما مهتمًا ويرغب في معرفة الأحداث هناك. كان عليهم أن يكونوا حذرين في مناقشة البرتغاليين. لا يمكن للمرء أن يكون متأكدا جدا من نوايا المستمع.

استطاعوا أن يفهموا أن الكثير من الناس جاءوا من ليوا للشراء والبيع في صحار. وأخيرا، تمكنوا من العثور على رجل عجوز ينحدر من لواء يبيع أوعية نحاسية. تحدثوا عن سوق السفن النحاسية واستفسروا عن سبب عدم بيعه لها في مسقط.

موسى الشبلي من قرية فيزة، وهي قرية تقع قليلاً نحو المناطق الداخلية للواء. حصل على أوعية نحاسية مصنوعة من متجره في فيز وبيعها لتاجر يدعى أحمد من ليوا. باع أحمد بضاعته في مسقط وقدم أموالًا جيدة لموسى. كان يعمل في هذا المجال لفترة طويلة.

أدرك عبد الله أن أحمد هذا كان شقيق فاطمة. ولكن لن يكون من المستحسن اتباع نهج مباشر. كان عليه أن يفهم موقف عائلتهم. ماذا لو تزوجت فاطمة من مواطن من ليوا ؟ ملأته تلك الفكرة باليأس. لكنه كان متأكدًا جدًا من أن فاطمته لن تكون أبدًا زوجة رجل آخر. بينما كان ينتظر، كانت هي أيضًا تنتظر عودته يومًا ما.

سأل عبد الله موسى من أين اعتاد الحصول على النحاس لصنع أوانيه لأنه يرغب أيضًا في شراء النحاس لنقله إلى قريته والبدء في التجارة في الأوعية النحاسية. بدا أنها طريقة جيدة لكسب المال.

أجاب موسى. "لقد حصلت على النحاس من صديق لي كان يعمل في المناجم. كان رئيس عمال من قبل. الآن هو متقاعد ويبقى في فيز ."

كان عبد الله يأمل أن يكون هذا الرجل ناصر الحمدان، صديقه القديم والمحسن. على أمل الحصول على الأفضل، استفسر عن اسم الشخص. شعر بالارتياح عندما أخبره موسى أن الاسم ناصر. هذا جعل الأمور سهلة بالنسبة له.

كان لدى عبد الله فكرة واضحة عن كيفية التخطيط لخطوته التالية. أخبر موسى أنهم يرغبون في الانضمام إليه عندما يعود إلى فيز لمقابلة ناصر لفهم أعمال النحاس. وعد موسى بأخذهم معه.

عاد عبد الله وأبهاي إلى محمد. شعر أبهاي أيضًا بسعادة غامرة عندما علم من عبد الله أنهما سيلتقيان بصديق أبيه القديم ناصر في المساء. اقتربوا خطوة أخرى من والدته.

كان محمد سعيدًا لأنهم تمكنوا من العثور على بعض المعارف القدامى أخيرًا. سيكون في صحار ليوم آخر من البيع وفي اليوم الثالث سيعود إلى ضنك. كان على استعداد لتقديم أي مساعدة يحتاجون إليها قبل مغادرته صحار.

شكر محمد بغزارة على كل المساعدة المقدمة حتى ذلك الحين، أخذ عبد الله وأبهاي إجازة منه. ذهبوا إلى لواء مع موسى. بحلول الوقت الذي وصلوا فيه إلى فيز، كان الوقت قد وصل إلى المساء. دعاهم موسى للبقاء في منزله. كان هذا هو النمط العماني النموذجي للضيافة

الذي استمتع به الثنائي في مكانه. كان عبد الله يعرف بالفعل ما يمكن توقعه مع الرجال المحليين وبالنسبة لأبهاي كانت تجربة حلوة.

من نواح كثيرة، يشبه سلوك الناس في هذه المنطقة سلوك مالابار الخاص به، وخاصة الضيافة والود. تم كسر النمط السلس من الود والجدارة بالثقة فقط عندما تدخل البارانجيس. في كلا المكانين كان الأمر نفسه. فكر في مدى حظه في الانتماء إلى مثل هذه الأماكن الجميلة. أمه، التي ولدت وترعرعت في مكان مثالي مثل هذا ستكون بالتأكيد روحًا جميلة ومحبة ومحبوبة.

في تلك الليلة، لم يستطع عبد الله النوم. كانت أفكار كيفية الاقتراب من فاطمة وما يمكن توقعه من عائلتها في المقام الأول في ذهنه. مع اقتراب الفجر، نام أخيرًا.

وعلى سبيل التغيير، نام أبهاي جيدًا. ولكن عندما اقتربت شروق الشمس، ظهر الرجل المجهول الوجه أمامه.

كانت حافة السيف المدببة على صدره ونهض بصرخة خفيفة مكتومة. في لحظة كان الرجل هناك وفي اللحظة التالية اختفى. كان بإمكانه أن يتذكر أنه هذه المرة كان الرجل المجهول قريبًا جدًا منه وتحدث شيئًا ما. لم يستطع تذكر الكلمات التي نطق بها الغريب، أو ربما لم يسمعها جيدًا. لكنه كان بمثابة تحذير تقريبًا. لكن تحذير ضد ماذا ؟

لم يستطع النوم بعد ذلك. ظل عقله يتمايل مع أفكار والدته والرجل المجهول الهوية. لقد مر بالفعل بالعديد من المحن للوصول إلى هذا الحد والآن ما الذي يجب أن يتوقع مواجهته أكثر من ذلك ؟

بعد إفطار شهي مع موسى وعائلته، انطلق الثلاثي للقاء ناصر الحمدان. بالنسبة لعبد الله، كان الأمر كما هو متوقع لأنه كان متأكدًا من أنه كان صديقه ناصر الذي كان يلتقي به. لكن بالنسبة لناصر، كانت أغرب مفاجأة في حياته أن يلتقي بصديقه المفقود منذ فترة طويلة بعد سنوات عديدة. فوجئ أبهاي بإظهار الحب بين الصديقين القدامى - كان من المفترض أن يكون الأصدقاء الحقيقيون على هذا النحو سنوات الانفصال لن تخفف أبدًا من حبهم لبعضهم البعض.

يجب أن يكون الأمر نفسه مع والدته أيضًا. كان يتطلع إلى دفء لمستها.

بعد المجاملات الأولية، استمر الصديقان في ملء بعضهما البعض بما حدث خلال هذه السنوات العشرين الطويلة. بخلاف استيلاء البرتغاليين، لم يحدث شيء ذو أهمية كبيرة في جزء الباطنة من عمان حتى مع حكم البرتغاليين من الحصن في ليوا وصحار، استمرت الحياة بشكل طبيعي.

أخيرًا، بحذر، طرح عبد الله السؤال الحتمي. "قل لي ناصر، كيف حال علي ومزرعته وعائلته؟"

"كنت أنتظرك لتصل إلى هذه النقطة يا صديقي العزيز." أجاب ناصر. "يمكنني أن أفهم أنك قطعت كل هذه المسافة من الهند إلى ليوا فقط لرؤية فاطمتك. بنعمة الله، إنها على ما يرام. وكذلك والدتها وجميع الآخرين. لسوء الحظ، توفي بابا فاطمة قبل بضع سنوات. لم يكن على ما يرام لبعض الوقت."

هذا الخبر أعفى عبد الله. ومع ذلك، كان حزينًا لأن علي عباس لم يعد هناك. تذكر الوجه السلمي لعلي.

"الآن يمكنه طرح السؤال الذي كان يعذب عقله. "هل هي متزوجة؟"

"نعم، إنها متزوجة." شدد ناصر على كلماته. كان ينظر إلى صديقه ليرى رد فعله. استنزفت الدماء من وجه عبد الله واستبدلت النظرة القاتمة بالحماس الذي كان يتوهج منذ فترة.

نظر ناصر إلى أبهاي. كان هو أيضاً مذهولاً ووجهه يعكس ألمه بسبب أبيه.

أشار ناصر إلى وجه عبد الله الرمادى وقال: "نعم، إنها متزوجة من عبد الله."

استغرق عبد الله بضع دقائق لإدراك معنى ما سمعه للتو. ثم عانق ناصر وقبله على خديه. "ناصر، يا صديقي، هذا أفضل خبر يمكن أن تعطيني إياه. يسعدنا سماع ذلك. شكراً جزيلاً لك."

انضم أبهاي أيضًا إلى ابتهاج أبيه. كان سعيدًا بوالده وبالطبع لنفسه. كانت والدته لا تزال والدته.

بالنسبة لكل من عبد الله وأبهاي، كان ذلك تتويجًا لانتظار طويل دام عشرين عامًا. كانت نهاية طريقهم للوصول إلى راحة أحبائهم. أخيرًا، كانوا يدركون شغف حياتهم.

كان حلم أبهاي على وشك أن يتحقق.

شياطين من الماضي

"من أنت وماذا تريد مني ؟" كان يصرخ وهو ينهض من سريره.

لكن لم يكن هناك أحد في الجوار. لقد رأى بوضوح وشعر بوجود شخص ما. لم يستطع تذكر الوجه. ربما كان الرجل المجهول هو الذي طارده خلال الوقت الذي سافر فيه من الهند إلى عمان بحثًا عن والدته. الآن، بعد سنوات عديدة كان يواجه الرجل المجهول مرة أخرى.

هل كان حلماً ؟ لم يستطع حقًا معرفة ما إذا كان ذلك حقيقيًا أم خيال عقله. لا يزال بإمكانه الشعور بالحافة المدببة لسيف الرجل كما لو كان يخترق قلبه. لكن لم يكن هناك أحد في الغرفة. كان بمفرده على سريره. لم يستطع النوم بعد الآن.

ظل يحاول تذكر الوجه الذي رآه. لقد كان وجهًا بالتأكيد. كان متأكدًا تقريبًا من أنه ليس نفس الرجل المجهول الهوية. أو ربما اكتسب الرجل المجهول وجهًا الآن، والذي ربما كان مؤشرًا على أن شيئًا شريرًا سيحدث قريبًا. بطريقة ما، تشابك الأمر مع حياته.

لم يكن يريد أن يحدث أي شيء للحياة التي كان يستمتع بها مع عائلته. كانت السنوات الخمس الماضية أفضل ما في حياته. كان أبوه وأمه وجميع الآخرين يحبونه كثيرًا. ولكن لماذا كان على هذا الرجل أن يظهر الآن ويزعج حياته السلمية ؟

عاد عقله إلى اليوم الذي جاء فيه إلى صحار مع بابا والاجتماع الذي أجروه مع ناصر الحمدان، صديق بابا من المناجم. عندما علم بابا أن ماما لا تزال تنتظره، لم تكن فرحته تعرف حدودًا.

كانا قد ذهبا معًا إلى قمة الجبل حيث التقى بابا بأمي لأول مرة منذ سنوات عديدة. أخبره بابا أنها ستذهب بالتأكيد إلى هناك كل يوم، وتتوقع أن يعودوا إلى حياتها. كانت تنتظر بفارغ الصبر اليوم

الذي سيتم لم شملهم فيه، وفي أي مكان آخر تتخيل أن يحدث ذلك إذا لم يكن هنا ؟

.وصلوا إلى قمة الجبل بعد ظهر اليوم وانتظروا ظهورها
انتظروا لمدة ساعة تقريبًا عندما سمعوا أخيرًا خطوات ناعمة من منحدر الجبل. كان هناك شخص يقترب منهم.

انتظروا أنفاسًا مضغوطة لرؤية وجه ماما الجميل. ثم
ظهرت أمامهم. بينما كانت تمشي على منحدر الجبل، كانت تنظر إلى الأسفل، مع التركيز على كل خطوة اتخذتها. عندما وصلت إلى القمة نظرت إلى الأعلى ولحظة علقت في مسارها. لم تستطع المضي قدمًا.
كانت عيناها مذهولتين وسرعان ما أشرق وجهها عندما ظهر الواقع عليها. ركضت نحو بابا. رحب بها بابا بأيدٍ مفتوحة. وقفوا في حضن ضائعون أمام هذا العالم. كان بإمكان أبهاي سماع أمه تبكي.

هدأ بابا ماما. ثم قال: "انظروا من هنا معي." ابتعدت أمي
عن بابا ونظرت إليه. ظهرت علامات الاعتراف في عيون ماما.

آبا، عزيزتي، تعالي إلى ماما." كان أبهاي ينتظر تلك"
اللحظة. أعظم لحظة في حياته! لقد قضى ليالٍ بلا نوم يفكر في مقابلة والدته. لقد سمع الكثير عنها من أبيه وكذلك من والده ووالدته أثناء وجوده في كانانور. اعتقد أن والدته كانت أجمل بكثير مما وصفوه.

كانت أمي لا تزال تبكي وتقبله في جميع أنحاء وجهه. لم
تستطع إخفاء سعادتها. الألم الذي تضخم داخلها كسر جميع الحواجز وسكب. لبعض الوقت لم يتحدث أحد بأي شيء. ثم بدأوا في ملء فراغ عشرين عامًا.

قبل أن يبدأ البرتغاليون احتلالهم لسلطنة عمان، قام حسين
.وعباس برحلتين إلى كاليكوت للاستفسار عن مكان وجود عبد الله
لكنهم لم يتمكنوا من الحصول على أي أخبار. كل ما استطاع الجيران قوله هو أنهم اختفوا جميعًا في صباح أحد الأيام دون أن يتركوا أي أثر. حتى فاسو وليلا أيضًا لم يتم العثور عليهما في منزلهما. بعد كلتا الرحلتين، عاد حسين وعباس دون أي أخبار.

وبمجرد أن تولى البرتغاليون السيطرة على مسقط وصحار، لم يسمحوا لأي عماني بالسفر في السفن. لم يرغب البرتغاليون، في أن يقوم العمانيون بالتجارة مع كاليكوت. بدلاً من ذلك كانوا يتعاملون بأنفسهم مع المتداولين من كاليكوت وأسسوا احتكارًا لتجارة التوابل.

فقدت عائلة ماما كل آمالها في العثور على بابا وبدأت في محاولة إقناعها بالزواج مرة أخرى. لكنها رفضت أن تصدق أن عبد الله لن يأتي أبدًا. كانت تعلم أنه في يوم من الأيام سيأتي عبد الله من أجلها. كانت تأتي كل يوم تقريبًا إلى قمة الجبل وتنتظر حتى غروب الشمس.

لم يذهب انتظارها سدى. أخيرًا، عاد عبد الله وعباس (لأن هذا ما قررت تسميته ابنها عندما ولد) معها.

جاء حسين وأحمد وعباس إلى كاليكوت لأول مرة بحثًا عن فاطمة عندما مرض والدهم. أراد علي بشدة رؤية فاطمة قبل أن يحدث له شيء. كان ذلك عندما تتبعوا فاطمة إلى منزلها في كاليكوت.

ولكن قبل أن يتمكنوا من الوصول إلى فاطمة، قام شخص آخر بإغرائها بالخروج من المنزل وأخذها إلى مستودع لا يوصف على جانب الميناء. أمضوا يومين في البحث عنها وعلموا أخيرًا أن بيدرو، الذي رافقهم إلى كاليكوت، كان وراء مخطط نقل فاطمة بعيدًا. بمساعدة الشرطة المحلية، تمكنوا من تتبع فاطمة. بحلول ذلك الوقت كان بيدرو قد هرب ولم يلتقيا به مرة أخرى.

كانت فاطمة قد وقعت فريسة لشخصين جاءا بالزي العماني قائلين إنهما من أخويها. لكنهم في الواقع كانوا مساعدي بيدرو بالزي العماني. كانت محظوظة لأن إخوتها تمكنوا من تتبعها بسرعة.

لم تكن فاطمة متأكدة مما إذا كان إخوتها قد وافقوا على زواجها من عبد الله. خوفا على حياة ابنها، لم تكشف لإخوتها أن لديها ابن. كان عبد الله مفقودًا لعدة أيام. كانت تأمل في العودة بعد وقت قصير من مقابلة والدها. في هذه الأثناء، سيكون ابنها آمنًا في أيدي

فاسو وليلا. كانت خائفة من الرجل المجهول الذي ظهر عدة مرات في أحلامها واعتبرت ذلك فألًا يشير إلى أشياء سيئة على وشك الحدوث. اعتقدت أن الرجل المجهول يمثل مصيرها أو مصير ابنها.

غادرت مع إخوتها. صممت ديستني أشياء مختلفة لها. تدهورت صحة والدها وأصر على أن تكون معه. لم تستطع تحمل فكرة فقدان بابا العزيز وبقيت معه. بمجرد أن عرفت أن عائلتها قبلت عبد الله كزوج لها، شرحت كل شيء لإخوتها. وعدوها بأنهم سيحضرون عبد الله وابنها إليها وذهبوا إلى كاليكوت في سعيهم. لكن لم يأت شيء جيد من رحلاتهم.

كان بيدرو السبب الجذري لجميع مآسيهم. الآن بعد أن تم إبادة الخطر، كانا معًا.

كان أبهاي غير محظوظ إلى حد ما لأن جده لم يعد معهم. كان يتطلع إلى مقابلة جده الذي كان طيبًا جدًا مع أبيه. لكن الأمر لم يكن كذلك.

كان لم الشمل في منزل ماما شيئًا لا يمكن تصوره. كان الجميع مغرمًا به وسرعان ما أصبح الشخص الأكثر طلبًا في العائلة. أراد جميع الأطفال اللعب معه أو الاستماع إلى قصصه عن كاليكوت وكانانور. كان أولاد حسين وأحمد وعباس وهيثم حريصين على تعلم كالاريباياتو منه. أدهشت موهبته في كالاري السكان المحليين الذين لم يروا مثل هذا النمط من القتال من قبل.

بناءً على إصرار شيخ لواء، وافق أبهاي على بدء مدرسة لتعليم الأطفال والرجال المحليين. لم يكن من الممكن القيام بذلك في العراء لأنهم كانوا يخشون أن يصبح البرتغاليون مشبوهين. أقاموا منطقة مؤقتة للتدريب خارج مزرعة علي. نظرًا لأن البرتغاليين لم يترددوا أبدًا على التصميمات الداخلية، يمكن لمدرستهم أن تعمل دون أي مشكلة. كان العمانيون الوطنيون حريصين جدًا على تعلم تكتيكات الدفاع عن أنفسهم حتى يتمكنوا لاحقًا من التخطيط لهجمات ضد خصومهم.

كانت الأمور تسير بشكل جيد للغاية بالنسبة لأبهاي. انضم بابا إلى هيثم في المزرعة وفي بعض الأحيان ساعده على التدريس في المدرسة.

أعاد التفكير في الوجه الخسيس أبهاي إلى الحاضر. كان عليه أن يكتشف من هو الرجل الذي رآه في حلمه. كان عليه أن يتذكر الوجه وبدا له بطريقة ما أنه مهم للغاية. كلما فكر في الوجه الذي رآه، زاد اقتناعه بأنه لم يكن الرجل العجوز مجهول الهوية. كان بالتأكيد وجهًا مميزًا وهذا مألوف جدًا له. فكر في جميع الناس الذين عبروا طريقه خلال حياته الماضية.

ثم ضربه. شعر بقشعريرة تسري في عموده الفقري. هل يمكن أن يحدث ذلك ؟ لقد رأى ذلك الوجه الشيطاني يختفي في منحدرات نهر بافالي. لقد تعلم من المستنقعات أنه لا يمكن لأحد الهروب من السيول والتماسيح في نهر بافالي. لكن ربما هرب هذا الشرير.

عاد شيطان الماضي ليطارده. كان عليه أن يضمن سلامة أبيه ووالدته.

كانت أفضل طريقة للبقاء على قيد الحياة هي الهجوم. بدلاً من اتخاذ موقف دفاعي، يجب عليه البحث عنهم. لا تسمح لهم أبدًا بالقبض عليه على حين غرة.

في ذلك الصباح خلال الجلسة التدريبية في المدرسة، شرح التهديد الذي يواجهونه من البرتغاليين، وخاصة ابن آوى يدعى بيدرو. كان بإمكانه وصف الشخص بالتفصيل لدرجة أن الطلاب حصلوا على الصورة محفورة في أذهانهم. كان عليهم أن يعتنوا بهذا الرجل وإذا وجدوا أي شخص يشبه هذا الشخص، فعليهم إبلاغ أبهاي على الفور. نظرًا لأنه كان رجلًا خطيرًا للغاية، لم يكن عليهم أبدًا الدخول في شجار مع هذا الرجل.

في الأيام القليلة التالية، رأى أبهاي رؤية الرجل ذي الوجه الذي يشبه وجه بيدرو. كان يعلم على وجه اليقين أن هذا الرجل كان

،موجودًا. وهذا جعله أكثر تصميماً على مطاردته. كلما اقترب الخطر كلما رآه في عقله الباطن.

كان يذهب إلى قمة الجبل مع أبيه وأمه. كانوا يحبون قضاء بعض الوقت معًا دون أي عائق من الآخرين. اعتاد أن يستلقي على حضن والدته وهو ينظر إلى السماء.

في ذلك اليوم كان يسترخي في حضن والدته ويستمع إلى المحادثة بين والدته وأبي. أغمض عينيه لفترة وجيزة وكان ذلك عندما رآها.

ظهرت كرة من الضوء الساطع من بعيد في السماء. أصبح أكبر وأكبر كلما اقترب منه. ثم توقف. في عقله الداخلي، شعر أنه قريب جدًا مما كان يراه وكان لديه رغبة في الوصول إلى النور. شعر أن النور كان يشير إليه للسفر معه.

وتذكر ما شعر به وهو ينظر إلى السماء من سطح السفينة أثناء سفرهم إلى صحار. كان نفس الشعور بالحميمية مع شيء ما في السماء. ماذا كان ذلك ؟ تساءل.

." انهض يا أبا. دعونا نعود إلى ديارنا. لقد تأخر الوقت"
هزته ماما من خياله. فتح عينيه واختفى الضوء الساطع. تبع والدته وأبيه إلى أسفل منحدر الجبل. لأول مرة بعد استعادة والدته كان يشعر بالضياع. كان هناك شيء ما في الأعلى كان يشير إليه.

سرعان ما نسي كل شيء عن الضوء الساطع لأنه تلقى أخبارًا من أصدقائه بأن بيدرو ورجل برتغالي آخر شوهدا في ميناء صحار. كانوا قد جاءوا عن طريق البحر من مسقط وكانوا يقيمون في صحار.

كان عليه أن يضرب أولاً. لم يكن يريد أن يتعقبهم بيدرو إلى ليوا. كان يعلم أن بيدرو كان على دراية جيدة بمنزلهم منذ أن أقام هنا من قبل. الآن بعد أن كان البرتغاليون يحكمون البلاد، يمكنه استخدام القوة لإيذاء عائلة عبد الله. لا بد أنه لا يزال يسعى وراء كنزه المفقود في مالييندي، ولهذا سيفعل أي شيء للقبض على عبد الله.

كان أبهاي واثقًا من التعامل مع البرتغاليين. لكن لا ينبغي أن يكون راضيًا عن نفسه. قد يكون هناك جيش من الرجال على استعداد لمساعدة بيدرو. قرر الذهاب إلى صحار بمفرده. كان عليه أن يضرب بصمت. لا ينبغي لأحد أن يعرف ما حدث لبيدرو. لم يكن يريد حتى أن يعرف والده أن عدوه اللدود كان موجودًا.

كان أبهاي، وفيا لاسمه، لا يعرف الخوف. رتب مجموعة من أفضل طلابه لحراسة منزله دون تنبيه الشاغلين. لم يتعرف عليه بيدرو بهذه السرعة لأنهما لم يريا بعضهما البعض قريبًا جدًا في كوتيور. مع الماسر، العمامة العمانية ملفوفة حول رأسه سيكون من الصعب على بيدرو أن يميز وجهه. يضاف إلى ذلك ميزة الضربة المفاجئة.

مع هذا، انطلق إلى صحار.

صحار للسلام الأبدي

كان ذلك يوم الخميس. عرف أبهاي أن صديقه محمد سيكون في السوق. كان يلتقي بمحمد كثيرًا وازدهرت صداقتهما. حتى أن محمد زار منزلهم عدة مرات. لا يمكن أن ينسى أبهاي أبدًا كم كان مدينًا لمحمد لأنه أحضره ووالده من ضنك إلى صحار.

كان محمد في مكانه المعتاد في السوق، يبيع خضرواته.
رحبوا ببعضهم البعض.

شرح أبهاي ما الذي جاء من أجله في ذلك اليوم. لكن محمد لم ير أي شخص يتناسب مع الوصف الذي قدمه أبهاي. وأبلغ أبهاي أن سفينة بحرية قد زارت ميناء صحار قبل يومين. وكان العديد من أفراد الجيش والبحرية من مسقط قد نزلوا من السفينة في صحار. كانوا سيبقون في صحار لبضعة أسابيع أو نحو ذلك. وقد أدى هذا التدفق من الناس إلى زيادة مبيعاته أيضًا.

قرر أبهاي البقاء في الخلف ليوم واحد. وهذا من شأنه أن يعطيه فرصة لمراقبة الشعب البرتغالي يتحرك في جميع أنحاء المكان. وكانوا قد شيدوا مبنى بالقرب من الميناء حيث كان يقيم عادة جميع أفراد الدفاع. كان هناك مطعمان بالقرب من السوق يقدمان، بالإضافة إلى المأكولات العربية، الطعام البرتغالي أيضًا.

كان هذا هو المكان الذي خطط فيه أبهاي لانتظار زواره غير المرحب بهم.

في المساء، جلس أبهاي ومحمد في المطعم. جلس من حيث يمكنه مشاهدة مدخل المعقل البرتغالي.

سرعان ما امتلأ المطعم بالعديد من الناس، العمانيين والبرتغاليين. كان أبهاي يحتسي القهوة التقليدية للعرب. ثم رأى بيدرو على الرغم من أنه كان منذ ما يقرب من تسع سنوات قد رأى آخر عدو لأبيه، إلا أنه لم يتمكن أبدًا من نسيان ذلك الوجه الشرير. كانت آخر

مرة رأى فيها هذا الوجه عندما كان يختفي في منحدرات بافالي. في ضوء الفجر الخافت، رأى الوجه يغمس ويرتفع في النهر. كان يعتقد أن هذه هي المرة الأخيرة التي يرى فيها هذا الوجه. لكن الأمر لم يكن كذلك.

كان بيدرو يسير نحو طاولة شاغرة وكان معه رجل آخر عرف أبهاي من كان الرفيق. أوضح ذلك كيف عاد بيدرو إلى صحار بحثًا عن أبيه. كان مع لويس، قائد الكتيبة في مسقط.

الآن عرف أنه لم يكن هناك رجل واحد يجب أن يقابله. كان عليه القضاء على اثنين منهم. صحار لن تكون أفضل مكان لذلك. كان المكان يعج بالجنود البرتغاليين. اضطر إلى استدراجهم إلى ليوا.

كان قد فكر في الوصول إلى بيدرو خلال الليل للقضاء عليه. هذا الرجل لا يستحق أن يعيش. إذا عاش، لن يكون بابا آمنًا. كان عليه أن يتصرف بشكل طبيعي ويسمح لهم برؤيته. ثم يتبعونه إلى لواء. يجب ألا يفهموا أبدًا أنه رآهم. في ليوا، سيكون قادرًا على مواجهتهم بمفرده دون أن يراقبهم الآخرون.

كان عقله يعمل بسرعة كبيرة. أفضل مكان لجذبهم إليه هو المزرعة. لن يعرف أحد. كان عليه أن يتأكد من أن كلا من هيثم وبابا لم يكونا هناك عندما وصل بيدرو ولويس.

نهض أبهاي وتحرك نحو طاولة الطعام كما لو كان يطلب. عندما مرّ على لويس، من زاوية عينيه، كان بإمكانه رؤية لويس ينظر إليه ويتحدث إلى بيدرو. ثم نظر إليه بيدرو أيضًا. كان متأكدًا من أنهم تعرفوا عليه. كان ذلك كافياً بالنسبة له. الآن سيتبعونه.

عاد إلى محمد واستمر في الدردشة. رأى بيدرو ولويس يتحدثان مع بعضهما البعض بحيوية وغالباً ما ينظران في اتجاهه. إذا عاد إلى ليوا في الليل، فقد لا يتبعونه. لذلك قرر البقاء في الليل مع محمد والبدء في الصباح بعد الإفطار. كان عليه التأكد من رؤيته مرة أخرى صباح الغد ومتابعته إلى ليوا. كان على يقين من أنهم سيراقبونه.

في تلك الليلة، كان لديه نوم مضطرب. استيقظ عدة مرات. ظهر الرجل المجهول عدة مرات. في بعض الأحيان كان يحمل سيفًا في يده. في بعض الأحيان ظهر بقطعة قماش سوداء في يده وحاول تغطية وجه أبهاي بها. نهض من نومه وهو يشعر بالاختناق. كان يلهث من أجل التنفس. وتساءل عما إذا كان ذلك هاجسًا للخطر الكامن في الزاوية. لم يكن منزعجًا من أي شيء يحدث له لكنه أراد أن يكون أبيه وأمه آمنين وسعداء. بعد عشرين عامًا من الانفصال، يجب السماح لهم بالعيش معًا مائة عام.

بدا أن الرجل المجهول يتبعه ويكشف عن نفسه كلما كان بعض الشر على وشك الحدوث. ربما أخفى وجه هذا الرجل المجهول مصيره؟

افتتح المطعم الساعة السابعة صباحًا. كان أبهاي جاهزًا في المطعم بمجرد افتتاحه. لم يكن يريد أن يفتقد بيدرو ولويس. كان عليه أن يتأكد من رؤيتهم له ثم يعود إلى ليوا.

كان يأكل خبز الكبوس والحمص عندما انضم إليه محمد أيضًا. طلب لبنة وجبنة مع الخبز. كان محمد مغرمًا بمناقيش زعتر. وكالعادة طلب نفس الشيء. كان يقول أن الزعتر هو الأفضل للصحة.

أثناء حديثه مع محمد، ركزت عينا أبهاي على مدخل الحصن. ظلوا ينتظرون ظهور الثنائي الشرير لتناول الإفطار. ولكن حتى بعد بضع ساعات لم يأتوا أبدًا.

استحوذ الذعر على أبهاي. ربما كانوا قد غادروا بالفعل إلى ليوا. ثم بزغ فجره. عرف بيدرو منزلهم. كان قد مكث هناك عندما جاء إلى لواء مع أعمامه. بمجرد أن رأوا أبهاي، لا بد أنهم أدركوا أن عبد الله كان أيضًا في ليوا. يجب أن يكونوا قد غادروا مبكراً حتى يتمكنوا من تجنب أبهاي والوصول إلى ليوا لتنفيذ خطتهم.

قفز ودفع ثمن طعامه. قال وداعا لمحمد وغادر فجأة دون إضاعة الوقت لإعطاء تفسيرات لمحمد. قبل أن يدرك محمد ما كان يحدث، كان أبهاي ينفد من المطعم وكان في طريقه إلى ليوا.

تم إفساد خطته لإغراء بيدرو بالذهاب إلى المزرعة. كانوا أذكى منه. الآن كان عليه أن يتأكد من عدم حدوث أي ضرر لأمه وأبيه وأفراد أسرته الآخرين.

بلا أنفاس من الركض، وصل أبهاي إلى المنزل وهو يلهث من الخارج، بدا كل شيء هادئًا. توقف لالتقاط أنفاسه. كان يأمل ألا يحدث أي شيء غير مرغوب فيه في منزله. لم يستطع رؤية أي شخص خارج المنزل. كان الباب الأمامي مفتوحًا. بحذر، اقترب من الباب. كان قلبه ينبض بسرعة. لم يكن متأكدًا مما يمكن توقعه.

اختلس أبهاي النظر من الداخل من عتبة الباب. رأى جميع أفراد الأسرة مجتمعين في زاوية واحدة من المجلس، غرفة المعيشة. كان هناك خوف في عيون الجميع. نظروا إليه بصمت. كانت ماما هناك أيضًا. لكنه لم يتمكن من العثور على بابا أو هيثم. كان الاثنان سيذهبان إلى المزرعة. تابع عيون الأطفال إلى الجانب الآخر من الغرفة.

دخل أبهاي الغرفة ونظر إلى الجانب الآخر من الغرفة. تجمد على مرأى من بيدرو ولويس. جلسوا على كراسي وسحبوا أسلحتهم، مشيرين نحو الزاوية حيث كان جميع الآخرين يجلسون القرفصاء.

رأى بيدرو أبهاي وابتسم له. "كنا ننتظر وصولك فقط. كان يتحدث بالبرتغالية. "يبدو أن لا أحد هنا يفهم ما أقوله لهم. من الواضح أنهم لن يعرفوا البرتغالية. لقد حان الوقت لأن تقدم الحكومة البرتغالية كلغة أولى في المدارس." كان صوته يسخر.

"ماذا تريد ومن أنت ؟" استخدم أبهاي معرفته بالبرتغالية التي تعلمها في كانانور. لم يكن يريدهم أن يعرفوا أنه يعرفهم.

"آسف. نسينا أن نقدم أنفسنا. هذا هو الكابتن لويس من مسقط. ما مدى سرعتك في نسيان صديقك ؟ لكن لويس لا ينسى أي

أصدقاء ." توقف بيدرو للحظة ليرى ما إذا كانت أي علامات على الاعتراف قد ظهرت في عيون أبهاي. "وأنا بيدرو، صديق مقرب جدا من والدك. كما تعلمون، كان لدينا بعض الأعمال مع والدك. جئنا لتجديد صفقة العمل القديمة."

"لقد أخبرتك بالفعل، عدة مرات أن عبد الله ليس هنا. إذن لماذا أنت حريص على إبقائنا رهائن ؟" كانت فاطمة. كانت غاضبة من أن هذا الرجل الشرير قد عاد ليطاردهم ويزعزع حياتهم السلمية.

ضحك بيدرو بصوت عالٍ. "امرأة مسكينة! تحاول إنقاذ زوجها! ولكن إذا لم تخبرني أين هو، يجب أن أبدأ باستخدام مسدسي. حتى الآن، كنت أستخدم الكلمات فقط ولكن الآن سيتحدث مسدسي. هل هذا ما تريده ؟" بهذا السؤال حول انتباهه إلى أبهاي.

عرف أبهاي أن هذا الشخص يعني ما قاله. كلاهما كانا مهووسين لا يرحمان. سيفعلون أي شيء للوصول إلى هدفهم. تذكر ما قاله له بابا عن بيدرو. اعتقد بيدرو أن بابا وحده كان يعرف عن كنزه المفقود، وكان عازمًا على المطالبة به.

تسابق عقله لإيجاد طريقة للخروج من هذا الوضع الخطير. لم يستطع أن يسمح لأي ضرر أن يصيب كل هؤلاء الأبرياء.

"أنت تريد والدي. حسناً، سآخذك إليه. لكن اترك كل هؤلاء الناس هنا. لا تفعل أي شيء لهم وأبعدوا أسلحتكم ." في نفس واحد قال أبهاي كل هذا.

"هذا فتى مطيع. الآن لديك إحساس. لكن والدتك غبية. لو أنها أخبرتنا عن مكان غلاوبر، لكنا قد رحلنا الآن ." كان ذلك لويس قالها بازدراء.

"لا، أبا، لا! لن تقود هذه الذئاب إلى بابا. دعهم يفعلون بنا ما يريدون. لكن لا تأخذهم إلى بابا ." لم ترغب فاطمة في أن يحدث لها أي شيء يا عبد الله.

"حسنًا إذن. دعني فقط أقوم بنقرة على مسدسي. من يريد أن يموت أولاً ؟؟" انعكست قسوة بيدرو في كلماته. كان مستعداً لإطلاق النار. لم يستخدم مسدسه منذ فترة طويلة. وبدت هذه فرصة مثالية لممارسة مهارته في الرماية.

"لا"! صرخ أبهاي. "أمي، لا يمكنني المخاطرة بحياة الكثير من الناس لمجرد بابا. سآخذهم إلى بابا. دع بابا يتحدث إليهم ويقرر ما يجب فعله. لا توقفني، أرجوك ."

طلب من بيدرو ولويس أن يتبعاه. لم يعد ينظر إلى والدته. كان يعلم أنها ستكون غاضبة جدًا منه.

كان بإمكانه سماع أمه تصرخ في وجهه. "آبا، لا تجرؤ على فعل أي شيء من شأنه أن يضر بابا الخاص بك."

كان على أبهاي أن يتجاهل صرخات والدته. كان عليه أن يتأكد من أن بيدرو يعتقد أنه كان يقودهم إلى والده. لكن كانت لديه أفكار أخرى. كان عليه فقط أن يأخذ هذين الثعالب الحقيرين إلى مكان وحيد. ثم يتوصل إلى حل دائم لمشاكلهم.

كان يسير نحو المزرعة. تبعه بيدرو ولويس على مسافة آمنة وبيدهما أسلحة. لم يرغبوا في إعطاء أي فرصة لأبهاي لمهاجمتهم. كانوا حذرين مع كل خطوة اتخذها.

كان هناك وميض من النور وظهر الرجل المجهول أمامه. توقف ميتاً في مساره. كاد أن يصاب بالعمى. لكن لا يزال بإمكانه رؤية الرجل المجهول الهوية الذي يحمل قطعة قماش داكنة في يده. رمش بعينيه ليتخلص من الظهور أمامه. لم يستطع التأكد مما إذا كان ذلك يحدث في ذهنه أو أمامه مباشرة.

استمر في المشي. كان في غيبوبة. كانت هناك قوة خارجية تقوده إلى الأمام. وسرعان ما وصل إلى سفح الجبل. بدأ يتسلق الجبل. تبعه خصومه. في النهاية كان على قمة الجبل.

ثم رأى الصندوق. في الطرف البعيد من المضمار، وقف الصندوق الحجري الأحمر وغطائه مفتوح. كان يعلم أنه رأى هذا الصندوق من قبل. لكنه لم يستطع معرفة أين ومتى رآه. بدا المكان والصندوق مألوفين للغاية. كان الأمر كما لو أنه كان يشير إليه.

كان يسير نحو المزرعة ولكن بطريقة ما انتهى به المطاف في هذا المكان. ما الذي جلبه إلى هنا ؟ كان عقله في حالة ذهول ودوار في رأسه.

لم يأت إلى هذا المكان من قبل. تحدث بابا عن جبل رأى فيه صندوقًا من الحجر الأحمر. لكنهم لم يتمكنوا من العثور على هذا الجبل مرة أخرى. الآن هناك شيء ما أرشده إلى ذلك المكان. ما هي العلاقة بين هذا المكان وحياته ؟

كان بيدرو غاضبًا من إحضارهم إلى مكان مهجور. صرخ في أبهاي. "أين ثعلب والدكم ؟"

التزم الصمت. كان يحدق في الصندوق.

هل هو ميت بالفعل داخل الصندوق ؟" لم يستطع لويس" إخفاء غضبه. كان يميل إلى سحب الزناد على هذا الصبي أمامه الذي خدعهم ليتبعوه. لكن بيدرو قيده. أراد أن يعاد جلوبر على قيد الحياة إلى ماليندي. كان عليهم إبقاء أبهاي على قيد الحياة للمساومة، إذا لزم الأمر.

وقف أبهاي هناك أمام الصندوق. لم يتحرك ولم يتحدث. تقدموا إلى الأمام بحذر، واقتربوا منه.

ثم حدث ذلك في ومضة. لم يعرف بيدرو ولويس أبدًا ما الذي أصابهما. في حركة سريعة واحدة، قفز أبهاي إلى الوراء فوق رؤوسهم، وهبط خلفهم مباشرة وركل بيدرو على ظهره الصغير مما دفعه إلى الأمام. سقط بيدرو على وجهه وانزلق المسدس بعيدًا عن يده.

قبل أن يتمكن لويس من الاستدارة، أحضر أبهاي يده في حركة تقطيع لكسر عنقه. سقط لويس إلى الأمام ميتاً. في هذه الأثناء، تعافى بيدرو من سقوطه ونهض لمواجهة أبهاي.

قفز في الهواء وهبط بساقه في حركة تقطيع على أضلاع بيدرو. سقط بيدرو وترنح مرة أخرى على قدميه. أغلق أبهاي عليه.

"لقد كنت تتابع والدي لفترة طويلة. لا أريدك أن تزعجه بعد الآن. وداعا لك إلى الأبد ." بهذه الكلمات، أمسك أبهاي بيدرو من رأسه وأدار رقبته. مع أزمة، انكسرت الرقبة واستلقى بيدرو في يديه مثل دجاجة ميتة. رفع الجثة وألقى بها على منحدر الجبل في الشجيرات الكثيفة. لن يرى أحد الجثة هناك.

اقترب أبهاي من جثة لويس. نفس المصير لهذا أيضًا. أثناء حمل الجثة، اقترب أبهاي من حافة الجبل بالقرب من الصندوق المستطيل.

هذا هو الوقت الذي حدث فيه ذلك. رأى أبهاي الظهور المجهول أمامه. كان يشير إليه.

تعثر وترنح إلى الأمام. مع وزن الجسم في يديه، لم يستطع استعادة توازنه. انزلق الجسد من يديه وانزلق على طول منحدر الجبل. سقط أبهاي وهبط داخل الصندوق.

في تلك اللحظة، ظهرت الحقيقة عليه. الرجل المجهول الذي جاء في رؤاه كان مصيره حقًا.

صرخ بصوت عالٍ، "ماما..."

رأى وجه والدته الجميل. كانت تنظر إليه وعيناها مليئتان بالحب له.

ضرب رأسه على جانب الصندوق وفقد الوعي. مع تأثير سقوطه، انخفض غطاء الصندوق بشدة على الصندوق- وأغلقه بإحكام.

كانت جثث الرجلين البرتغاليين اللذين كانا يزعجان باستمرار عشيرة النبهاني مخبأة في وسط الغابة على منحدر الجبل.

كان الصبي الشجاع الذي تدرب على القتال بلا ذراع يرقد داخل الصندوق فاقدًا للوعي، غير مدرك لمصيره. لم يعرف أحد في القرية المحيطة بالجبل ما حدث.

كان هناك قشعريرة في الهواء. توقفت الرياح عن النفخ توقفت الطيور عن النقيق. كان الأمر كما لو أنه لا توجد حياة في كل مكان.

فجأة تحول كل شيء إلى الظلام.

في مكان ما في الفضاء
2030

ماذا بعد ؟

كانوا بالفعل في المدار المحدد ويتحركون حول الأرض. سيتعين عليهم انتظار تعليمات من التحكم الأرضي للخروج من المسار الحالي والتحرك نحو القمر. تم تحديد وقت وإحداثيات الانحراف بالفعل. وبالتالي سيتم تنفيذ المناورة.

في هذه الأثناء كان عليهم إجراء فحوصات معينة داخل الكبسولة.

كان على راشد أن يهز يسرى من سباتها. شعرت أنها نائمة منذ فترة طويلة. كانت تحلم. لكنها لم تستطع تذكر ما كان يعمل عليه عقلها أثناء النوم. كان الأمر كما لو أنها كانت تسافر مع شخص آخر. حاولت أن تتذكر ما كانت تفكر فيه قبل الانفجار.

قبل أن تتمكن من التأمل أكثر، سمعت راشد يتصل بها من مخزن البضائع. هرعت نحوه. كان يقف بجانب الصندوق الحجري الأحمر.

"يسرى، لقد تحرك هذا الصندوق أثناء الانفجار. كيف يمكن ذلك ؟ ألم يكن مربوطًا في مكانه ؟"

نظرت إلى الصندوق. "أنا متأكد من أنها كانت مربوطة في مكانها قبل الإقلاع. لقد تحققت من العناصر بنفسي ."

"انظر إلى هذا. انقطع الحزام. ربما الأحمق أثناء الانفجار تسبب في ذلك. ولكن لا يزال..."

شاركت يسرى أيضًا تخوف راشد من انشقاق الحزام. لا يمكن أن يكون ضعيفا جدا. يستخدمون دائمًا مواد عالية الجودة للرحلات الفضائية. إذا كان هذا الشريط يمكن أن يكسر ما يمكن أن ينكسر داخل المكوك ؟

كانت لديها رغبة ملحة في فتح الصندوق ورؤية ما بداخله. لكنها سيطرت على نفسها. كان هذا الصندوق من أهم أجزاء تجاربهم. يمكن أن يكون القبر المختوم مفتاح نظريتهم لرحلة الأرواح. يجب فتحها فقط عندما تكون على سطح القمر وجاهزة للإعداد.

على الرغم من أن الجبل الذي صادفت فيه الصندوق الانفرادي كان بالقرب من منزلها، لم يتحدث أحد حتى الآن عن الجبل أو القبر الموجود فوقه. كانت متأكدة من أن أحداً لم ير ها من قبل. شعرت أن هناك شيئًا مشؤومًا حول الصندوق. هل سيجلب الحظ السيئ أو كارثة ما ؟ كلما نظرت إلى الصندوق، بدا أكثر غموضًا.

ثم غمرت أفكار فاطمة عقلها. كانت تفكر في فاطمة أثناء العد التنازلي. كان الحلم الذي راودها مرتبطًا بطريقة ما بفاطمة. الآن يبدو أن هناك صلة ما بين فاطمة وهذا الصندوق وبينها.

"لم يخرج أي شيء آخر من مكانه. كل شيء آخر غير هذا القبر سليم ." أعادها صوت راشد إلى الوضع الحالي.

"هذا صحيح، رشيد. دعونا لا نقلق دون داع بشأن هذا الشيء غير ذي الصلة".

ومع ذلك، كانت قلقة. كان هناك شيء خاطئ في الصندوق. كان على قيد الحياة. كان بإمكانها أن تشعر بالحياة في الداخل.

"حسناً. دعونا نعود إلى مقاعدنا ونتحقق مما يوفره لنا التحكم الأرضي ." أراد راشد تخفيف حالة الذعر عن يسرى. كان بإمكانه قراءة القلق على وجهها.

عادوا إلى غرفة لوحة التحكم.

جلسوا على مقاعدهم واستمعوا إلى المراقبة الأرضية. تم إعطاءهم سلسلة من التعليمات. في غضون ساعة، سيبدأون في الانفصال عن قوة الجاذبية الأرضية ويتحركون نحو القمر. كان عليهم أن يظلوا متيقظين حتى يدخلوا المدار حول القمر.

كان ذلك عندما شعرت يسرى بألم في رأسها. بدأت عيناها تدمعان. مسحت عينيها بوضوح بورقة منديل. لكن الألم استمر. أغمضت عينيها وحاولت التركيز على ما يتم توصيله من التحكم الأرضي. لكنها لم تستطع التركيز.

كانت العديد من الصور تتحرك أمام عينيها كما لو كانت شرائح مختلفة من الفيلم تمر. لم تستطع تحديد الأرقام في تلك الشرائح. لكن يبدو أن هناك العديد من الأشخاص الذين تعرفهم. كان شخص ما ينادي فاطمة ثم سمعت صوتًا أنثويًا ينادي عبد الله في حزن. سُمِع اسم آبا عدة مرات. كانوا يبحثون عن شيء ما. ربما شخص ما ؟

تعني أنك ante masool كان هناك وميض وكلمات مسؤول تردد صداها في أذنيها.

لم تستطع أن تفهم ما كانت مسؤولة عنه. لكن الألم النابض في رأسها زاد بشكل مطرد. لم تستطع تحمل الألم أكثر من ذلك. نهضت من مقعدها. قدميها تقودانها نحو مخزن البضائع الداخلي. كان بإمكانها سماع رشيد يسألها إلى أين هي ذاهبة. لكنها لم تكلف نفسها عناء الرد. استمرت في المشي.

كانت أمام الصندوق المستطيل. مع عقلها فارغًا، كما لو كانت تحت جهاز التحكم عن بعد، حدقت في الصندوق.

كان الصندوق مغلقًا. ولكن كان هناك بعض القوة المنبثقة من الصندوق. شعرت بمودة مألوفة تجاه الصندوق.

كانت هناك أصوات تردد صداها في أذنيها. كان صوت ذكوري ينادي ماما. كانت قوية وثابتة. كانت هناك استجابة أنثوية حلوة في أذنيها. تكرر اسم أبا مرارًا وتكرارًا. ثم مرة أخرى صوت متفجر يردد صدى ما قبل مسول. أغلقت أذنيها بيديها وأغلقت عينيها. كان رأسها يدور.

وفي الوقت نفسه، كان التحكم الأرضي يصدر تعليمات لمناورة تغيير المدار. نادى راشد يسرى. لم يكن هناك رد. نهض من مقعده وذهب بحثاً عن يسرى.

أطلق راشد صرخة منخفضة. كانت يسرى مستلقية أمام الصندوق وعيناها مغمضتان. كان هناك دم على جبينها. تحرك غطاء الصندوق قليلاً. استحوذ عليه الذعر.

ركع وهز يسرى، وطلب منها أن تفتح عينيها. لكنها بدت فاقدة للوعي. ظل يهزها. تحقق مما إذا كانت تتنفس وشعر بالارتياح لرؤية أنها تتنفس ببطء. حدق في الوجه الجميل لزوجته كما لو كان يراه لأول مرة. كان وجهها يشبه زهرة تتفتح.

من غرفة التحكم، استمر صوت التحكم الأرضي في الازدهار بصوت عالٍ. "راشد، يرجى الاتصال بالإنترنت. نحن الآن نحرك مسارك بما يتماشى مع القمر."

كان راشد مفتونًا بجمال زوجته. كان مسار عقله قد تحرك بالفعل. كان في عالمه الخاص. ثم فتحت يسرى عينيها. رمقت عيناها الجميلتان راشد. لقد أصدروا طاقة إيجابية لم يكن يعرفها حتى الآن. قبّلها. واستلقيا هناك معًا كما لو كانا في ليلتهما الأولى بعد الزواج.

"أنت في طريقك إلى القمر. كن متيقظًا لرواد الفضاء. عودوا إلى مقاعدكم واستجيبوا لتعليماتنا." ثم كان هناك صوت ثابت. غرق صوت التحكم الأرضي في صوت الطقطقة.

كان راشد مفتونًا. لقد نسي كل شيء عن المهمة التي كان فيها. كانت يسرى أيضًا في غيبوبة.

توقف الدم من الجرح على جبينها عن التدفق. لم تشعر بأي ألم. شخص آخر كان يتحكم في أفكارها وأفعالها. لم يكن في ذهنها سوى رشيد. لم يكن أي شيء آخر يهمها.

كانوا يرقدون هناك لفترة من الوقت في صمت. قبلها راشد مرة أخرى وفي تلك اللحظة أصبحا متشابهين.

كان غطاء قبر الحجر الأحمر المستطيل مفتوحًا وبقي هناك بجانب زوجين من رواد الفضاء. كان الشاهد الوحيد على ما كان يحدث.

والتالي كان يحدث!

الخاتمة

نحو بداية أخرى

"سيدي، لا يوجد رد من الكبسولة. لقد كنا نحاول لبعض الوقت الآن."
"لا بأس. استمر في المحاولة. ما هو تقدم شاندرايان ؟".

"إنها في طريقها إلى القمر يا سيدي".

"هل يمكننا بدء المناورة لإدخاله في مدار القمر ؟"

"نعم يا سيدي. نحن نفعل ذلك الآن".

ثم الذعر. "سيدي، جهاز التحكم عن بعد لم يعد قيد التشغيل. إنه لا يستجيب لأوامر التحكم الخاصة بنا".

"أين الكبسولة الآن ؟ هل دخلت المدار ؟"

"لا يا سيدي. إنه يبتعد. يبدو أنه يتجاوز القمر".

"لا تسمح بذلك. علينا إعادته إلى مدار القمر. في يوم آخر علينا أن نوجهه للهبوط على سطح القمر".

"لكن يا سيدي، نحن نخشى الأسوأ. لا يمكن إعادته. يبدو أنها تتحرك من تلقاء نفسها".

"اتصل برواد الفضاء. اطلب منهم تشغيل التحكم اليدوي".

"لكنهم لا يستجيبون يا سيدي. كلاهما إما نائمان أو لا يعترفان بتعليماتنا".

"تحقق من تغطية الفيديو للديكورات الداخلية للكبسولة. حاول تحديد موقعهم ومعرفة ما يفعلونه".

"لقد جربنا ذلك بالفعل يا سيدي. يعرض ماسح الدائرة CC المغلقة شاشة فارغة فقط. يبدو أن شخصًا ما قد أفسد كاميرا"

"كان اليأس قد بدأ. "ألا يمكنك فعل شيء ؟

"لا يا سيدي. إنه يخرج عن سيطرتنا. إنه يتحرك عبر المريخ في اتجاه آخر ".

"دكتور سانجاي، ما الذي تعتقد أنه يحدث ؟ عنابركم لا تستجيب ".

"حاول مرة أخرى. لقد كانوا أفضل الطلاب وأكثرهم مسؤولية في فريقي ".

"لقد حاولنا عدة مرات. ولكن لا يزال هناك أي رد، يا سيدي. إنه يبتعد عن مسارنا المقرر ".

"يا إلهي! قد تكون أسوأ مخاوفي تتحقق. يجب أن تكون إحدى النفوس العذراء قد وجدت طريقها على متنها. ربما، رحلة الأرواح تحدث ."

"ماذا الآن ؟"

ثم فقد التحكم الأرضي جميع الاتصالات مع تشاندرايان 8.

استمر تشاندرايان 8 في التقدم نحو وجهة غير معروفة.

شكر وتقدير

بفضل السيد إدوين لامرز وفريقه في ميناء صحار والمنطقة الحرة الذين رتبوا لزيارتي إلى المقابر على قمة الجبال بالقرب من منطقة صحار الحرة. هذه الزيارة زرعت فكرة هذه الرواية في ذهني.

أنا ممتن لابنة عمي-السيدة شوبا جو التي قضت الكثير من الوقت في قراءة المخطوطة ومساعدتي في إعادة تنظيم النص لجعله يبدو أكثر طبيعية.

أنا مدين للغاية للسيد إس آر دي براساد، أحد دعاة كالاريباياتو الذي شرح لي العديد من التفاصيل حول هذا الشكل من فنون الدفاع عن النفس خلال زيارتي لمدرسته في كانور.

وأخيرًا، أنا ممتن لابني، فيفيك، الذي أعطاني الدافع لكتابة هذه الرواية واقتراحات متعددة لجعلها أفضل.

تصوير القناة الصفراوية

http://ambassadors.net/archives/issue19/profile.htm

https://en.wikipedia.org/wiki/Baghlah

http://everything2.com/?node=ahmed+ibn+majid

http://www.saudiaramcoworld.com/issue/198303/oman-the.lost.land.htm

http://www.enhg.org/resources/articles/copper/roastpit/roast.htm

http://www.sahistory.org.za/topic/vasco-da-gamas-voyage-discovery-1497

http://www.livescience.com/39078-vasco-da-ama.html

https://en.wikipedia.org/wiki/Tandava

http://www.lokanarkavutemple.com/history.html

https://en.wikipedia.org/wiki/Kottiyoor_Temple

سري لوكاناركافو كتبه البروفيسور كيه سي فيجاياراجافان والبروفيسور كيه إم جاياشري، نشره لوكاناركافو ديفاسووم مجلس الأمناء والمسؤول التنفيذي (مجلس مالابار ديفاسووم)

حول الكاتب

سانثوش جانجادهاران روائي من ولاية كيرالا في الهند. ولد في بورنيو وترعرع في الهند والكويت. وهو مهندس كيميائي من حيث المهنة، وتأخذه وظيفته في تطوير الأعمال في رحلات طويلة إلى العديد من أنحاء العالم.

تستكشف روايته الأولى، الغزل في النسيان، مناطق النفس البشرية حيث تطمس الخطوط الفاصلة بين الأحلام والواقع. من خلال الربط بين العلم الحديث والتصوف القديم مع تاريخ الشرق الأوسط الغني والثقافة الصوفية، فإن روايته هي مغامرة للعقل البشري الذي يحاول التعامل مع ما هو حقيقي وما هو غير حقيقي، مع أخذ الشخصيات في البحث عن إجابات من صحاري دبي إلى قلب تركيا. تم نشر هذا من قبل بارتريدج إنديا وهو متاح في متاجر الإنترنت في أمازون وفليبكارت وبارنز آند نوبلز.

ماذا بعد ؟" هي محاولته الثانية في كتابة الرواية".

وهو حاليا مقيم في عمان.

يسمي نيو إنديان إكسبريس الغزل في النسيان على أنه فك شفرة العقل الباطن. كما يقول:

تدور الرواية حول ثقافات ومأكولات وممارسات متنوعة ولكنها تختتم بملاحظة أخف بكثير مكتوبة بتفاؤل وسعادة جنبًا إلى جنب مع قليل من العناصر الغامضة المحفورة في الأعماق ليكتشفها القراء مرة أخرى. هذا سفر مقروء وإدراكي للعقل والروح حيث يحصل القراء على امتياز السفر مع تطور الأرواح وتشكيل الشخصيات ".

يسميها المراقب العماني مغامرة العقل البشري. يقول:

"صاغ مهندس مغترب مقيم في عمان رواية رائعة تربط بين العلم الحديث والتصوف القديم مع تاريخ الشرق الأوسط الغني والثقافة الصوفية."